KB075689

입이 터질 수밖에 없는 영어회화

입이 터질 수밖에 없는 영어회화

초판 1쇄 발행 2021년 10월 20일
초판 9쇄 발행 2024년 3월 12일

지은이 | 이근철
펴낸이 | 유성권

편집장 | 윤경선
책임편집 | 양선우, 조창원
편집 | 김효선, 조아윤
해외저작권 | 정지현
홍보 | 윤소담, 박채원
디자인 | 박상희, 이시은
미디어 제작총괄 | 이찬형(이근철언어문화연구소)
마케팅 | 김선우, 강성, 최성환, 박혜민, 심예찬, 김현지
제작 | 장재균
물류 | 김성훈, 강동훈

펴낸곳 | (주)이퍼블릭
출판등록 | 1970년 7월 28일, 제1-170호
주소 | 서울시 양천구 목동서로 211 범문빌딩(07995)
대표전화 | 02-2653-5131
팩스 | 02-2653-2455
메일 | loginbook@epublic.co.kr
인스타그램 | www.instagram.com/book_login
포스트 | post.naver.com/epubliclogin
홈페이지 | www.loginbook.com

이근철TV 100일 회화 완강! 유튜브 강의 교재

입이 터질 수밖에 없는 영어회화

이근철 지음

로그인

머리말

"근철쌤 안녕하세요? 올려주신 강의, 너무도 감사하게 잘 보고 있습니다. 현재 제 수준에 무엇을 봐야 할지 잘 몰라서 용기 내어 상담 요청드려요."

카톡 채널에 뜨는 상담 요청은 한국도 많지만 미국, 캐나다, 영국, 호주, 뉴질랜드와 같은 영어 사용 국가부터 네팔, 라이베리아, 페루, 키르기스스탄과 같은 뜻밖의 나라도 적지 않죠. 이분들이 현재 처한 상황, 영어를 배웠던 기간 혹은 알고 있는 정도는 다 다르지만 공통적으로 힘들어하는 부분이 있어요.

바로 리스닝과 스피킹인데요, 현재 대학원을 다니고 있거나, 이미 외국인과 어느 정도 간단한 회화는 할 수 있거나, 심지어 영어 사용 국가에서 오랫동안 살고 있는데도 나오는 공통 질문이에요. 특히 간단한 회화까지는 할 수 있는데 그다음에 벽에 부딪힌 듯 실력이 잘 늘지 않아서 힘들다는 분이 꽤 있어요. 왜 이런 문제가 생길까요?

첫째, 가장 중요한 것을 놓치고 있어서 그래요! 여러분, 이 한국어 단어들은 뭐죠? [심니, 궁녁, 동닙] 이상하게 보이지만 읽으면 문제가 없죠? [심리, 국력, 독립]이라는 것을 잘 알고 있으니까요. 그런데 한국어를 배우는 외국인들이 한국인의 이런 실제 발음을 모른다면 한국어 영화나 드라마 혹은 일상 대화가 과연 들릴까요? 쓰여 있는 글자와 실세 나는 소리가 다른 것은 사실 영어도 마찬가지예요. [벗 · 은, 컬은, 마운은]은 도대체 뭐죠? 각기 버튼(button), 커튼(curtain), 마운틴(mountain)이에요. 단어를 이미 알고 있어도 실제 들리는 소리가 정리되지 않으면, 결국 아는 것도 별 쓸모가 없어지고 계속 같은 벽에 부딪히는 거죠.

둘째, ① 뭐 물어봐도 돼요? ② 뭐 물어보는 것이 혹시 실례가 될까요? 둘 중에 어느 문장을 외국인이 먼저 배워야 하죠? 당연히 1번이죠. 영어도 마찬가지예요. ① Can I ask you something? ② Would you mind if I ask you something? 2번보다는 1번을 무조건 먼저 해야 해요. 결국, 잘 짜인 순서대로 정리하지 않으면 시간 낭비를 하거나 "영어는 어려워"라는 말을 반복하며 포기하게 되는 거죠.

순서를 정리하면 먼저, 소리 규칙 60개를 모두 정리해서 리스닝을 터뜨리는 것이 중요해요! 그러면 신나니까 영어가 재미없을 수가 없어요. 그리고 그 소리 규칙들이 영화나 드라마, 일상 회화에서 계속 확인되니까 스피킹도 자연스레 바꾸고 싶어져요. 이 커다란 두 개의 축이 맞물려 돌아가면 결국 입이 터질 수밖에 없어요! 《입이 터질 수밖에 없는 영어회화》에 있는 1,000개의 좋은 문장을 정확한 발음과 억양으로 정리하고 반복하는데 스피킹이 안될 수가 없는 거죠. 게다가 먼저 할 것과 나중에 할 것을 확실히 단계별로 구분해서 배우니 효과도 좋고, 시간도 아끼고, 실전에서 바로 확인되기도 하죠.

《입이 터질 수밖에 없는 영어회화》의 100강 1,000문장은 철저한 학습 설계에 따라 문장 하나하나에 정성이 가득 들어간 최고의 과정이에요. 원리를 쉽게 정리한 패턴들을 보면 발상이 전환되며 '아하! 이렇게 응용하면 멋진 고급 문장이 되네!'라고 무릎을 '탁' 치게 될 겁니다. 직접 강의를 들어보세요. 생각이 확 달라질 겁니다!
그리고 100강의 과정을 천천히 100% 이해하면서 가려고 하면 전체를 다 끝내기가 생각만큼 쉽지 않으실 거예요. 강의가 80% 정도만 이해되면 그냥 100강까지 쭉 마무리한 후에 빠른 배속으로 복습을 하는 게 훨씬 더 효과가 좋다는 것, 꼭 기억하세요.

본인이 지금 어떤 수준인지 영어 관련 상담을 하고 싶으면 카카오톡에서 〈이근철영어스쿨〉을 치고 채널에 들어와서 상담 신청하셔도 됩니다.

마지막으로, 책과 수업 영상이 나오는 데 도움 주신 모든 분께 많이 감사드립니다. 특히 늘 응원 메시지로 좋은 기운 가득 채워주시는 〈이근철TV〉와 〈이근철의 마법영어〉 채널 가족 여러분께 진심으로 고마운 마음 전합니다~!

Keep focused until you make it happen!
Jake K. Lee 근철쌤이에요~

이 책의 활용법

입이 터질 수밖에 없는 영어회화 DAY1~100

Step 1. 오늘 배울 패턴 확인

- 오늘 배울 패턴과 뜻을 확인하세요.
- QR코드를 스마트폰으로 스캔하면 강의 영상으로 연결됩니다. 이근철TV 영상을 통해 실제 발음을 확인하세요.

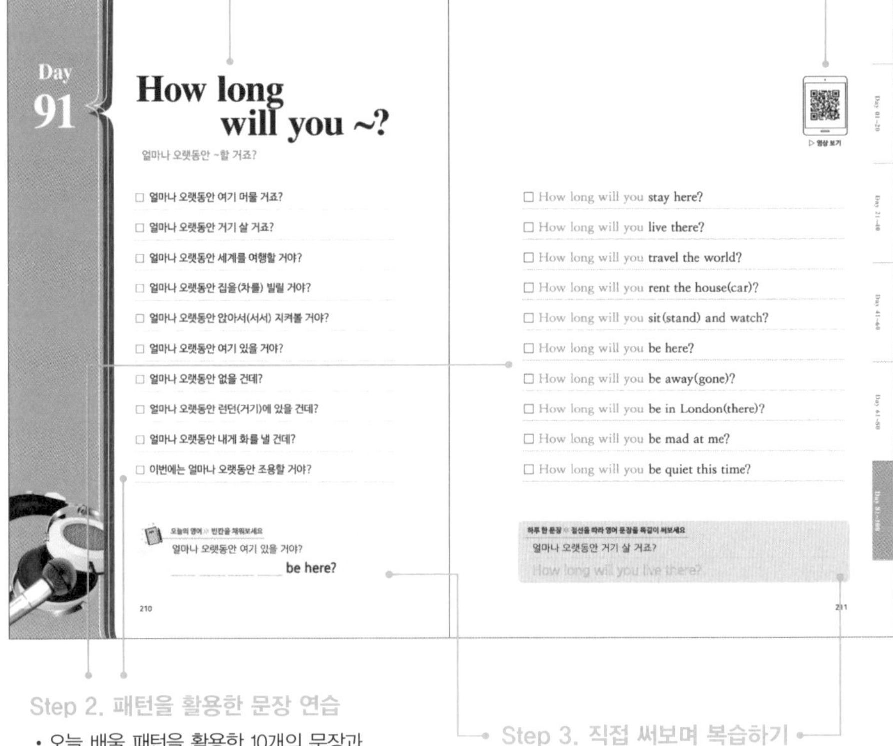

Day 91

How long will you ~?

얼마나 오랫동안 ~할 거죠?

□ 얼마나 오랫동안 여기 머물 거죠?	□ How long will you stay here?
□ 얼마나 오랫동안 거기 살 거죠?	□ How long will you live there?
□ 얼마나 오랫동안 세계를 여행할 거야?	□ How long will you travel the world?
□ 얼마나 오랫동안 집을(차를) 빌릴 거야?	□ How long will you rent the house(car)?
□ 얼마나 오랫동안 앉아서(서서) 지켜볼 거야?	□ How long will you sit(stand) and watch?
□ 얼마나 오랫동안 여기 있을 거야?	□ How long will you be here?
□ 얼마나 오랫동안 없을 건데?	□ How long will you be away(gone)?
□ 얼마나 오랫동안 런던(거기)에 있을 건데?	□ How long will you be in London(there)?
□ 얼마나 오랫동안 내게 화를 낼 건데?	□ How long will you be mad at me?
□ 이번에는 얼마나 오랫동안 조용할 거야?	□ How long will you be quiet this time?

오늘의 영어 · 빈칸을 채워보세요

얼마나 오랫동안 여기 있을 거야?

________ be here?

하루 한 문장 · 점선을 따라 영어 문장을 똑같이 써보세요

얼마나 오랫동안 거기 살 거죠?

How long will you live there?

210 211

Step 2. 패턴을 활용한 문장 연습

- 오늘 배울 패턴을 활용한 10개의 문장과 뜻입니다. 소리 내어 영어 문장을 읽으면서 왼쪽 페이지에 있는 뜻을 확인하세요.

Step 3. 직접 써보며 복습하기

- 왼쪽 아래 빈칸에 오늘 배운 패턴을 써보세요. 해답은 232쪽에 있습니다.
- 오른쪽 하단 연습 문제에 표시된 점선을 따라 문장을 직접 써보세요.

Special. 특집방송으로 패턴의 사용법 정리

총 8편의 특집방송이 수록되어 있습니다. 자주 쓰는 패턴들의 뉘앙스 차이와 올바른 사용법을 확실하게 정리할 수 있습니다. 예시를 소리 내어 읽으며 차이를 확인해보세요. QR코드를 스캔해 강의를 확인하면 더 이해가 쏙쏙 되실 거예요.

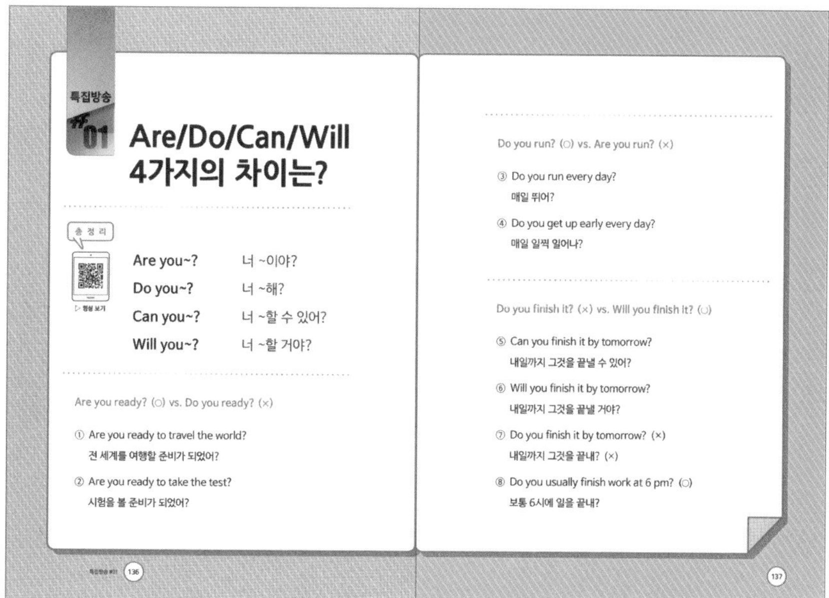

특집방송 #01

Are/Do/Can/Will 4가지의 차이는?

총 정 리

Are you~?	너 ~이야?
Do you~?	너 ~해?
Can you~?	너 ~할 수 있어?
Will you~?	너 ~할 거야?

Are you ready? (○) vs. Do you ready? (×)

① Are you ready to travel the world?
전 세계를 여행할 준비가 되었어?

② Are you ready to take the test?
시험을 볼 준비가 되었어?

Do you run? (○) vs. Are you run? (×)

③ Do you run every day?
매일 뛰어?

④ Do you get up early every day?
매일 일찍 일어나?

Do you finish it? (×) vs. Will you finish it? (○)

⑤ Can you finish it by tomorrow?
내일까지 그것을 끝낼 수 있어?

⑥ Will you finish it by tomorrow?
내일까지 그것을 끝낼 거야?

⑦ Do you finish it by tomorrow? (×)
내일까지 그것을 끝내? (×)

⑧ Do you usually finish work at 6 pm? (○)
보통 6시에 일을 끝내?

136 137

Plus. 연습문제 해답 맞춰보기

앞에서 복습한 문제의 답을 맞춰보세요. 틀린 문제는 다시 본문을 보며 연습해봅시다. 패턴을 반복 연습하는 효과를 볼 수 있습니다.

〈오늘의 영어: 빈칸을 채워보세요〉 해답

차례

PART 1. DAY 1~50

PART 2. DAY 51~100 특집방송 1~8탄 수록

PART 1.
DAY 1~50

입터영 100일 완성
1부 1강~50강

Day
01

Are you ~?

당신은 ~상태인가요?

□ 너, (권력, 성공, 사랑에) 배고파?

□ 너, 화났어(삐쳤어)?

□ 너, 피곤해?

□ 너, 긴장돼?

□ 너, 추워(더워)?

□ 너, 준비되었어?

□ 너, 바빠(시간 돼)?

□ 너, 진심이야?

□ 길을 잃었어요?

□ 너, (여행에서) 돌아온 거야?

오늘의 영어 * 빈칸을 채워보세요

너, 준비되었어?

.... ready?

▷ 영상 보기

- ☐ Are you hungry (for more power, success, love)?
- ☐ Are you angry(upset)?
- ☐ Are you tired?
- ☐ Are you nervous?
- ☐ Are you cold(hot)?
- ☐ Are you ready?
- ☐ Are you busy(free)?
- ☐ Are you serious?
- ☐ Are you lost?
- ☐ Are you back (from your trip)?

하루 한 문장 ✳ 점선을 따라 영어 문장을 똑같이 써보세요

너, 긴장돼?

Are you nervous?

Day
02

I am ~.

나는 ~이에요.

☐ 나, (오늘 또) 늦었어.

☐ 나, 운이 좋아.

☐ 저, 신참이에요.

☐ 나, 자랑스러워.

☐ 나, 지금 바빠.

☐ 나, 배불러.

☐ 나, 지금 시간 돼.

☐ 나, 미안해. cf) 돌아가셨다니 유감이네요.

☐ 나, 괜찮아.

☐ 나, 겁이 나.

오늘의 영어 ✳ 빈칸을 채워보세요

나, 지금 바빠.

_______ _______ busy now.

☐ I'm(=I am) late (again today).

☐ I'm lucky.

☐ I'm new here.

☐ I'm proud.

☐ I'm busy now.

☐ I'm full.

☐ I'm free now.

☐ I'm sorry. cf) I'm sorry for your loss.

☐ I'm okay.

☐ I'm scared.

하루 한 문장 ✻ 점선을 따라 영어 문장을 똑같이 써보세요

나, 겁이 나.

I'm scared.

Day

03

I am not ~.

나는 ~이지 않아요.

☐ 나, 지금 배고프지 않아.

☐ 나, 지금 졸리지 않아.

☐ 나, 지금 바쁘지 않아.

☐ 나, 지금 술 취하지 않았어.

☐ 나, 지금 화나지 않았어.

☐ 나, 확실하지는 않아.

☐ 나, 두렵지(겁나지) 않아.

☐ 나, 혼자가 아니야. cf) 넌 혼자가 아니야.

☐ 나, 오늘 기분이 좋지 않아.

☐ 나, 너한테 샘난 것 아니야.

오늘의 영어 ✳ 빈칸을 채워보세요

나, 지금 졸리지 않아.

.... **sleepy now.**

- ☐ I'm not hungry now.
- ☐ I'm not sleepy now.
- ☐ I'm not busy now.
- ☐ I'm not drunk now.
- ☐ I'm not angry now.
- ☐ I'm not sure.
- ☐ I'm not afraid(scared).
- ☐ I'm not alone. cf) You're not alone.
- ☐ I'm not happy today.
- ☐ I'm not jealous of you.

하루 한 문장 ✳ 점선을 따라 영어 문장을 똑같이 써보세요

나, 확실하지는 않아.

I'm not sure.

Day 04

Is she(he) ~?

그녀(그)가 ~한가요?

□ 그가 키가 커(작아)?

□ 그가 괜찮은 사람이야?

□ 그가 맞는 말 한 거지?

□ 그가 (실수에 대해) 미안하대(유감이래)?

□ 그가 또 늦는 거야?

□ 그녀가 수줍음을 타?

□ 그녀가 삐쳤어?

□ 그녀는 달라?

□ 그녀가 너한테 관심 있어 해?

□ 그녀가 임신했어?

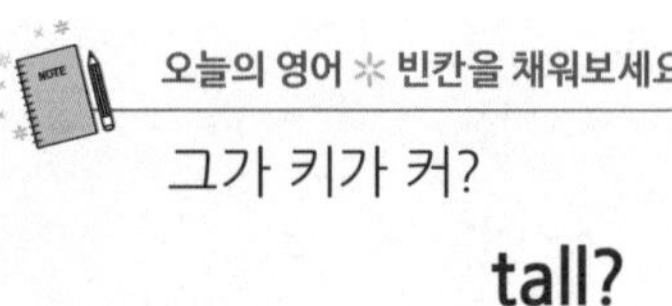

오늘의 영어 ✻ 빈칸을 채워보세요

그가 키가 커?

_____ _____ tall?

- ☐ Is he tall(short)?
- ☐ Is he nice?
- ☐ Is he right?
- ☐ Is he sorry (for his mistake)?
- ☐ Is he late again?
- ☐ Is she shy?
- ☐ Is she upset?
- ☐ Is she different?
- ☐ Is she interested in you?
- ☐ Is she pregnant?

하루 한 문장 ✻ 점선을 따라 영어 문장을 똑같이 써보세요

그녀가 임신했어?

Is she pregnant?

Day 05

Is she(he) a ~?

그녀(그)는 ~인가요?

□ 그녀가 (진짜) 의사인가요?

□ 그녀는 진짜 의사야.

□ 그녀가 (방송) 작가인가요?

□ 그녀가 (진정한) 교사인가요?

□ 그녀는 좋은 엄마인가요?

□ 그가 좋은 변호사인가요?

□ 그가 좋은 셰프인가요?

□ 그가 좋은 학생인가요?

□ 그는 노래를 잘하는 친구야. vs. 그는 노래를 잘 불러.

□ 그가 좋은 아버지인가요?

오늘의 영어 * 빈칸을 채워보세요

그녀는 좋은 엄마인가요?

.... good mother?

☐ Is she a (real) doctor?

☐ She's a real doctor.

☐ Is she a (TV) writer?

☐ Is she a (true) teacher?

☐ Is she a good mother?

☐ Is he a good lawyer?

☐ Is he a good chef?

☐ Is he a good student?

☐ He is a good singer. vs. He sings well.

☐ Is he a good father?

하루 한 문장 ✳ 점선을 따라 영어 문장을 똑같이 써보세요

그가 좋은 학생인가요?

Is he a good student?

Day 06

Is it ~?

그것은 ~인가요?

□ 그것이 무료인가요? / 그가 자유로워(시간 돼)?

□ 그것이 안전한가요?

□ 여기는 수도물을 마시는 게 안전해요?

□ 그것이 사실인가요?

□ 그가 너를 협박했다는 게 사실이야?

□ 이것이 새것인가요?

□ 이 차가 새것인가요?

□ 그것이 (여기에서) 멀리 있나요?

□ 그것이 문을 열었나요?

□ 가게가 문을 닫았나요?

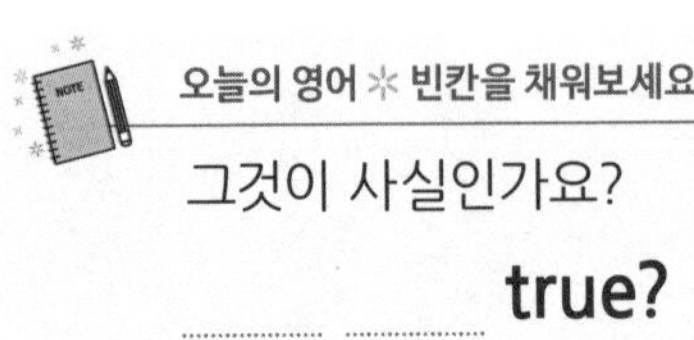

오늘의 영어 ✻ 빈칸을 채워보세요

그것이 사실인가요?

______ ______ true?

☐ Is it free? / Is he free?

☐ Is it safe?

☐ Is it safe to drink tap water here?

☐ Is it true?

☐ Is it true that he blackmailed you?

☐ Is it new?

☐ Is this car new?

☐ Is it far (from here)?

☐ Is it open now?

☐ Is the store closed?

하루 한 문장 ✲ 점선을 따라 영어 문장을 똑같이 써보세요

이 차가 새것인가요?

Is this car new?

Day 07

She(He)'s not ~.

그녀(그)는 ~하지 않아.

☐ 그녀는 준비되어 있지 않아.

☐ 그녀는 아직 준비가 되어 있지 않아.

☐ 그녀는 약하지(여리지) 않아.

☐ 그녀는 행복하지 않아.

☐ 그녀는 그것(결과)에 만족하지 않아.

☐ 그는 졸리지 않아요.

☐ 그는 그리 졸리지 않아요.

☐ 그는 확실하지 않아요.

☐ 그는 관심이 없어.

☐ 그는 너한테 관심이 없어.

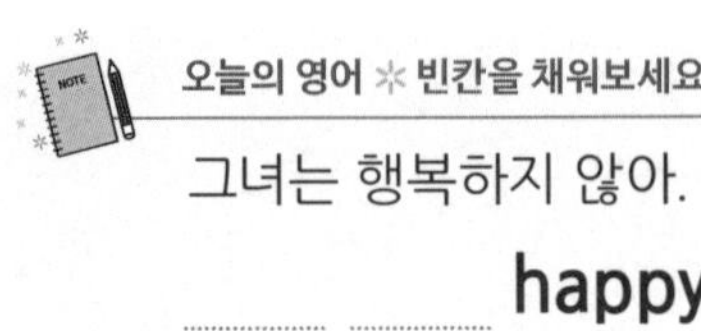

오늘의 영어 ✲ 빈칸을 채워보세요

그녀는 행복하지 않아.

.... happy.

▷ 영상 보기

- ☐ She's not ready.
- ☐ She's not ready yet.
- ☐ She's not weak(soft).
- ☐ She's not happy.
- ☐ She's not happy with it(the result).
- ☐ He's not sleepy.
- ☐ He's not that sleepy.
- ☐ He's not sure.
- ☐ He's not interested.
- ☐ He's not interested in you.

하루 한 문장 ✻ 점선을 따라 영어 문장을 똑같이 써보세요

그는 관심이 없어.

He's not interested.

Day

08

He(she)'s not a ~.

그(그녀)는 ~이 아니야.

□ 그는 바보가 아니야.

□ 그가 바보는 아니야.

□ 그녀는 천재가 아니야.

□ 그는 디자이너가 아니야.

□ 그는 더 이상 디자이너가 아니야.

□ 그녀는 노래를 잘 못 해.

□ 그녀는 노래를 못 불러.

□ 그는 습득이 느려.

□ 그녀는 말주변이 없어.

□ 그녀는 사색가야(말을 잘 들어줘).

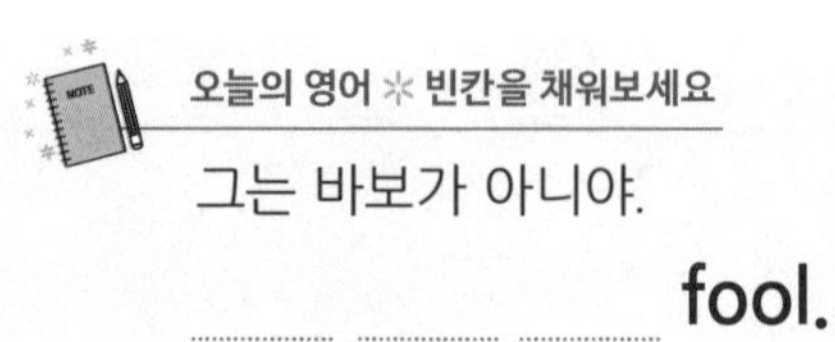

오늘의 영어 ✳ 빈칸을 채워보세요

그는 바보가 아니야.

_______ _______ _______ fool.

- ☐ He's not a fool.
- ☐ He isn't a fool.
- ☐ She's not a genius.
- ☐ He's not a designer.
- ☐ He's not a designer anymore.
- ☐ She's not a good singer.
- ☐ She can't sing.
- ☐ He's not a fast learner.
- ☐ She's not a good talker.
- ☐ She's a thinker(listener).

하루 한 문장 ✻ 점선을 따라 영어 문장을 똑같이 써보세요

그녀는 말주변이 없어.

She's not a good talker.

Day 09

It's (not) a ~.

그것은 ~이야(아니야).

☐ 그거 형편없는 농담이야.

☐ 그거 형편없는 계획이야.

☐ 그거 우리 휴가를 위해서는 안 좋은 계획 같아.

☐ 그거 안 좋은 습관이야.

☐ 그거 끊어내야 할 안 좋은 습관이야.

☐ 그것은 더 이상 비밀이 아니야.

☐ 그것은 더 이상 실수가 아니야.

☐ 그것은 더 이상 실수가 아니야. 그가 일부러 그랬어.

☐ 그것은 더 이상 문제가 안 돼.

☐ 그것은 성공으로 가는 쉬운 길이 아니야.

오늘의 영어 ✳ 빈칸을 채워보세요

그거 형편없는 계획이야.

______ ______ bad plan.

- ☐ It's a bad joke.
- ☐ It's a bad plan.
- ☐ I think it's a bad plan for our vacation.
- ☐ It's a bad habit.
- ☐ It's a bad habit to break.
- ☐ It's not a secret anymore.
- ☐ It's not a mistake anymore.
- ☐ It's not a mistake anymore. He did it on purpose.
- ☐ It's not a problem anymore.
- ☐ It's not an easy road to success.

하루 한 문장 ✳ 점선을 따라 영어 문장을 똑같이 써보세요

그것은 더 이상 문제가 안 돼.

It's not a problem anymore.

Day 10

Let's (not) ~.

~하자/하지 말자.

- □ 우리, 여기에 (그냥) 있자.
- □ 그들이 돌아올 때까지 여기에 (그냥) 있자.
- □ 이제 다들 출발하자.
- □ 거기는 차를 가지고 가자.
- □ 거기에 다들 함께 차를 운전해서 가자.
- □ 그거 취소하지 말자.
- □ 저녁식사를 만들지 말자.
- □ 오늘 저녁은 외식을 하자.
- □ 그거 시도하지 말자.
- □ 이번에는 그것을 시도해보자.

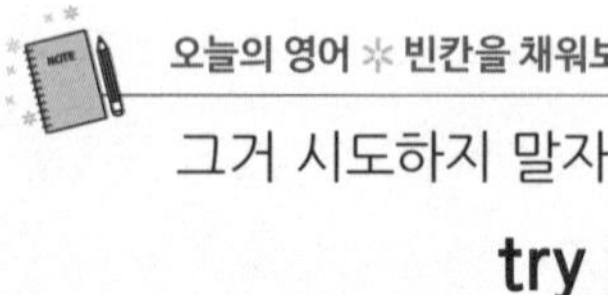

오늘의 영어 ✻ 빈칸을 채워보세요

그거 시도하지 말자.

________ ________ **try it.**

▷ 영상 보기

- ☐ Let's (just) stay here.
- ☐ Let's (just) stay here until they come back.
- ☐ Let's leave now.
- ☐ Let's drive there.
- ☐ Let's drive there all together.
- ☐ Let's not cancel it.
- ☐ Let's not make dinner.
- ☐ Let's eat out tonight.
- ☐ Let's not try it.
- ☐ Let's try it this time.

하루 한 문장 ✻ 점선을 따라 영어 문장을 똑같이 써보세요

그거 취소하지 말자.

Let's not cancel it.

Day 11

Please 동작 ~.

~을 하세요.

- ☐ 그거 그만하세요.
- ☐ 너무 늦기 전에 그거 그만해요.
- ☐ 그거 파세요.
- ☐ 그거 열어보세요.
- ☐ 나를 위해서 지금 그것을 열어봐요.
- ☐ 그거 건너뛰세요.
- ☐ 그 이야기는 건너뛰어요.
- ☐ 그거 잊으세요.
- ☐ 그거 씻으세요.
- ☐ 그것을 먹기 전에 씻어요.

오늘의 영어 ✳ 빈칸을 채워보세요

그거 열어보세요.

_____ _____ it.

▷ 영상 보기

Day 01~20

☐ Please stop it.

☐ Please stop it before it's too late.

☐ Please sell it.

☐ Please open it.

☐ Please open it for me now.

☐ Please skip it.

☐ Please skip the subject.

☐ Please forget it.

☐ Please wash it.

☐ Please wash it before you eat it.

하루 한 문장 ✳ 점선을 따라 영어 문장을 똑같이 써보세요

그거 잊으세요.

Please forget it.

Day 21~40

Day 41~60

Day 61~80

Day 81~100

Day 12

Do you ~?

당신은 ~을 해요?

□ 매일 요리해요?

□ 매일 가족을 위해서 요리를 해요?

□ 매일 독서해요?

□ 매일 뛰나요?

□ 매일 많이 뛰나요?

□ 매일 운전해요?

□ 매일 운전해서 출근을 해요?

□ 매일 (밤) 꿈을 꾸나요?

□ 매일 흡연을 해요?

□ 매일 흡연을 많이 해요?

오늘의 영어 ✻ 빈칸을 채워보세요

매일 요리해요?

________ ________ cook every day?

▷ 영상 보기

Day 01~20

Day 21~40

Day 41~60

Day 61~80

Day 81~100

☐ Do you cook every day?

☐ Do you cook for your family every day?

☐ Do you read every day?

☐ Do you run(jog) every day?

☐ Do you run a lot every day?

☐ Do you drive every day?

☐ Do you drive to work every day?

☐ Do you dream every day(night)?

☐ Do you smoke every day?

☐ Do you smoke a lot every day?

하루 한 문장 ✳ 점선을 따라 영어 문장을 똑같이 써보세요

매일 운전해요?

Do you drive every day?

Day 13

I 동작 ~.

나는 ~을 해요.

☐ 나는 매일 영어를 배워요.

☐ 나는 매일 어떻게 책을 쓰는지 알아요.

☐ 나는 매일 트럭을 운전해요.

☐ 나는 매일 편지를 써요.

☐ 나는 매일 입사 지원서를 써요.

☐ 나는 매일 5마일을 달려요.

☐ 나는 매일 강을 따라 5마일을 달려요.

☐ 나는 매일 책 한 권씩 읽어요.

☐ 나는 매일 저녁을 요리해요.

☐ 나는 매일 30분을 걸어요(산책해요).

오늘의 영어 ✲ 빈칸을 채워보세요

나는 매일 편지를 써요.

________ ________ a letter every day.

Day 01~20
Day 21~40
Day 41~60
Day 61~80
Day 81~100

- ☐ I learn English every day.
- ☐ I learn how to write a book every day.
- ☐ I drive a truck every day.
- ☐ I write a letter every day.
- ☐ I write a letter of application every day.
- ☐ I run 5 miles every day.
- ☐ I run 5 miles along the river every day.
- ☐ I read a book every day.
- ☐ I cook dinner every day.
- ☐ I walk 30 minutes every day.

하루 한 문장 ✳ 점선을 따라 영어 문장을 똑같이 써보세요

나는 매일 저녁을 요리해요.

I cook dinner every day.

Day 14

I don't ~.

나는 ~하지 않아요.

- □ 왜인지 모르겠어요.
- □ 왜인지 모르겠어, 하지만 그게 마음에 안 들어.
- □ 이 생각(기안)이 싫어요.
- □ 당신을 믿지 않아요.
- □ 네가 거짓말을 해서 너를 더 이상 믿지 않아.
- □ 저는 돈이 없어요.
- □ 저는 돈이 없어요, 하지만 열정은 있어요.
- □ 나는 네 도움이 필요하지 않아.
- □ 나는 커피를 마시지 않아요.
- □ 저는 담배를 안 피워요(술을 안 마셔요).

오늘의 영어 ✲ 빈칸을 채워보세요

왜인지 모르겠어요.

_______ _______ know why.

▷ 영상 보기

☐ I don't know why.

☐ I don't know why, but I don't like it.

☐ I don't like this idea.

☐ I don't believe you.

☐ I don't believe you anymore because you lied to me.

☐ I don't have money.

☐ I don't have money, but I have passion.

☐ I don't need your help.

☐ I don't drink coffee.

☐ I don't smoke(drink).

하루 한 문장 ✲ 점선을 따라 영어 문장을 똑같이 써보세요

저는 돈이 없어요.

I don't have money.

Day 15

Can(Could) you ~?

당신 ~할 수 있어요?

□ 열쇠를 찾을 수 있어요?

□ 네가 원하는 것을 여기서 찾을 수 있어?

□ 비밀을 지킬 수 있어요?

□ 숙제를 끝낼 수 있어요?

□ 보고서를 다음 주 금요일까지 끝낼 수 있겠어?

□ 내일 나를 도와줄 수 있어요?

□ 내일 내가 보고서 작성하는 것 도와줄 수 있어요?

□ 내일 내게 전화를 줄 수 있어요?

□ 내일 나를 만날 수 있어요?

□ 그것을 한 번 더 확인해줄 수 있어요?

오늘의 영어 ✳ 빈칸을 채워보세요

비밀을 지킬 수 있어요?

______ ______ keep a secret?

- ☐ Can you find the key?
- ☐ Can you find what you want here?
- ☐ Can you keep a secret?
- ☐ Can you finish your homework?
- ☐ Can you finish your report by next Friday?
- ☐ Could you help me tomorrow?
- ☐ Could you help me with my report tomorrow?
- ☐ Could you call me tomorrow?
- ☐ Could you meet me tomorrow?
- ☐ Could you check it one more time?

하루 한 문장 ✻ 점선을 따라 영어 문장을 똑같이 써보세요

내일 나를 만날 수 있어요?

Could you meet me tomorrow?

Day 16

Can I(we) ~?

내(우리)가 ~할 수 있을까요?

□ 내가 당신에게 진실을 말해줘도 될까요?

□ 내가 당신에게 톰에 대한 진실을 말해줘도 될까요?

□ 당신이 사랑하는 남자에 대한 진실을 말해줘도 될까요?

□ 물을 좀 마실 수 있을까요?

□ 제가 친구들을 데리고 와도 될까요?

□ 이번 주 토요일 파티에 친구들을 데려와도 될까요?

□ 우리가 당신께 질문을 해도 될까요?

□ 우리가 장소(시간)를 바꿀 수 있을까요?

□ 온라인으로 표를 구매할 수 있을까요?

□ 언제부터 표를 온라인으로 구매할 수 있을까요?

오늘의 영어 * 빈칸을 채워보세요

내가 당신에게 진실을 말해줘도 될까요?

_______ _______ **tell you the truth?**

Day 01~20
Day 21~40
Day 41~60
Day 61~80
Day 81~100

▷ 영상 보기

☐ Can I tell you the truth?

☐ Can I tell you the truth about Tom?

☐ Can I tell you the truth about the man you love?

☐ Can (Could) I have some water?

☐ Can I bring my friends?

☐ Can I bring my friends (over) to the party this Saturday?

☐ Can we ask you questions?

☐ Can we change the place (time)?

☐ Can we buy the tickets online?

☐ From when can we buy the tickets online?

하루 한 문장 ✻ **점선을 따라 영어 문장을 똑같이 써보세요**

온라인으로 표를 구매할 수 있을까요?

Can we buy the tickets online?

Day 17

I can/can't ~.

나는 ~할 수 있어/없어.

□ 네게 시간을 더 줄 수 있어.

□ 네가 원하는 것보다 더 줄 수 있어.

□ 네 목소리를 들을 수 있네.

□ 나는 너 없이도 살 수 있어.

□ 너 없이도 살 수 있어. 그렇니까 나를 내버려둬.

□ 난 너를 더 이상 신뢰할 수 없어.

□ 너 나한테 또 거짓말을 했어. 더 이상 너를 못 믿어.

□ 난 너를 더 이상 따를 수 없어.

□ 나는 더 이상 너의 명령을 따를 수 없어.

□ 난 너를 더 이상 이끌 수 없어.

오늘의 영어 ✲ 빈칸을 채워보세요

나는 너 없이도 살 수 있어.

________ ________ live without you.

- ☐ I can give you more time.
- ☐ I can give you more than what you want.
- ☐ I can hear your voice.
- ☐ I can live without you.
- ☐ I can live without you. So leave me alone.
- ☐ I can't trust you anymore.
- ☐ You lied to me again. I can't trust you anymore.
- ☐ I can't follow you anymore.
- ☐ I can't follow your orders anymore.
- ☐ I can't lead you anymore.

하루 한 문장 ✳ 점선을 따라 영어 문장을 똑같이 써보세요

난 너를 더 이상 따를 수 없어.

I can't follow you anymore.

Day
18

Did you/I~?

너 ~했어? / 나 ~했냐고?

□ 너, 잠을 잘 잤어?

□ 너, 저녁식사 맛있게 했어?

□ 너, 어제 친구들과 함께 음악회를 잘 보았어?

□ 너, 양치질 했어?

□ 너, 메시지를 남겼어?

□ 내가 메시지를 남겼냐고?

□ 너, 파일을 복사했어?

□ 내가 파일을 복사했냐고? 물론 했지.

□ 너, 약을 먹었어?

□ 내가 약을 먹었냐고?

오늘의 영어 ✲ 빈칸을 채워보세요

너, 메시지를 남겼어?

______ ______ leave a message?

☐ Did you sleep well?

☐ Did you enjoy your dinner?

☐ Did you enjoy the concert with your friends yesterday?

☐ Did you brush your teeth?

☐ Did you leave a message?

☐ Did I leave a message?

☐ Did you copy the file?

☐ Did I copy the file? Of course I did.

☐ Did you take your medicine?

☐ Did I take my medicine? cf) eat(×) vs. take(○) medicine

하루 한 문장 ✳ 점선을 따라 영어 문장을 똑같이 써보세요

너, 약을 먹었어?

Did you take your medicine?

Day 19

I 과거동사 ~.

나, ~ 했어.

☐ 나, 어제 에이미를 만났어.

☐ 어제 여기에서 두 블록밖에 안 떨어진 카페에서 에이미를 만났어.

☐ 나, 어제 제니에게 문자를 했어.

☐ 나, 어제 헬렌에게 왜인지 말했어.

☐ 나, 어제 헬렌에게 네가 왜 그녀를 떠났는지(전화했는지) 말했어.

☐ 나, 어제 요가를 시작했어.

☐ 나, 어제 내 휴대폰을 잃어버렸어.

☐ 나, 어제 내 모든 돈을 썼어.

☐ 나, 어제 내 모든 돈을 책(옷) 사는 데 썼어.

☐ 나, 오늘 아침에 일찍 일어났어.

오늘의 영어 ✳ 빈칸을 채워보세요

나, 어제 제니에게 문자를 했어.

.... Jenny yesterday.

- ☐ I met Amy yesterday.
- ☐ I met Amy at a café only 2 blocks away from here yesterday.
- ☐ I texted Jenny yesterday.
- ☐ I told Helen why yesterday.
- ☐ I told Helen why you left(called) her early yesterday.
- ☐ I started yoga yesterday.
- ☐ I lost my phone yesterday.
- ☐ I spent all my money yesterday.
- ☐ I spent all my money on books(clothes) yesterday.
- ☐ I woke up early this morning.

하루 한 문장 ✻ 점선을 따라 영어 문장을 똑같이 써보세요

나, 어제 요가를 시작했어.

I started yoga yesterday.

Day 20

I didn't ~.

내가 ~하지는 않았어요.

☐ 저는 당신 차를 보지 못했어요.

☐ 이렇게 찾아주실 거라 예상 못 했어요.

☐ 아침 일찍 이렇게 찾아주실 거라 예상 못 했어요.

☐ 내가 이 색깔을 고르지는 않았어요.

☐ 내가 이 책을 원하지는 않았어요.

☐ 제가 이 어색한 상황을 원하지는 않았어요.

☐ 내가 이 음식을 시키지는 않았어요.

☐ cf) 이것은 제가 주문한 것이 아닌데요.

☐ 내가 이 계산서를 지불하지 않았어요.

☐ 샘이 식당을 일찍 나가면서 계산도 하지 않았어요.

오늘의 영어 ✲ 빈칸을 채워보세요

내가 이 색깔을 고르지는 않았어요.

.... pick this color.

- ☐ I didn't see your car.
- ☐ I didn't expect your visit.
- ☐ I didn't expect your early visit in the morning.
- ☐ I didn't pick this color.
- ☐ I didn't want this book.
- ☐ I didn't want this awkward situation.
- ☐ I didn't order this food.
- ☐ cf) This isn't(is not) what I ordered.
- ☐ I didn't pay this bill.
- ☐ Sam left the restaurant early and didn't pay the bill.

하루 한 문장 ✻ 점선을 따라 영어 문장을 똑같이 써보세요

제가 이 어색한 상황을 원하지는 않았어요.

I didn't want this awkward situation.

Day 21

Does she(he) ~?

그녀(그)가 ~해?

- ☐ 그녀도 그것을 알아?
- ☐ 내가 그것을 안다는 것을 그녀도 알아?
- ☐ 그녀도 차를 좋아해?
- ☐ 그녀도 네가 필요해?
- ☐ 그녀가 너를 보고 싶어 해?
- ☐ 그가 여자친구가 있어?
- ☐ 그가 골프를 해?
- ☐ 매 주말에 내가 골프 한다는 것을 그도 알아?
- ☐ 그가 학교에서 가르쳐?
- ☐ 내가 학교에서 가르친다는 것을 그도 알아?

오늘의 영어 ✳ 빈칸을 채워보세요

그녀가 너를 보고 싶어 해?

________ ________ **miss you?**

▷ 영상 보기

- ☐ Does she know it too?
- ☐ Does she know (that) I know it, too?
- ☐ Does she like tea too?
- ☐ Does she need you too?
- ☐ Does she miss you?
- ☐ Does he have a girlfriend?
- ☐ Does he play golf?
- ☐ Does he know (that) I play golf every weekend?
- ☐ Does he teach at a school?
- ☐ Does he know (that) I teach at a school?

하루 한 문장 ✳ 점선을 따라 영어 문장을 똑같이 써보세요

그가 골프를 해?

Does he play golf?

Day 22

He(She) 현재동사 ~.

그(그녀)는 ~을 해.

□ 그는 집에서 채소를 키워.

□ 그는 내가 채소를 전혀 먹지 않는다고 생각해.

□ 그는 매일 집을 청소해.

□ 그는 한 달에 한 번 여행을 해.

□ 그는 내가 여행을 전혀 안 한다고 생각해.

□ 그녀는 항상 피자를 시켜.

□ 그녀는 항상 나에게 미소를 지어.

□ 그녀는 내가 항상 그녀에게 미소를 짓는다고 생각해.

□ 그녀는 항상 그 목걸이를 해.

□ 그녀는 항상 불평을 많이 해.

오늘의 영어 ✻ 빈칸을 채워보세요

그는 매일 집을 청소해.

.... his house every day.

▷ 영상 보기

☐ He grows vegetables at home.

☐ He thinks that I don't eat vegetables at all.

☐ He cleans his house every day.

☐ He travels once a month.

☐ He thinks that I don't travel at all.

☐ She always orders pizza.

☐ She always smiles at me.

☐ She thinks that I always smile at her.

☐ She always wears that necklace.

☐ She always complains a lot.

하루 한 문장 ✻ 점선을 따라 영어 문장을 똑같이 써보세요

그녀는 항상 그 목걸이를 해.

She always wears that necklace.

Day
23

She(He) doesn't ~.

그녀(그)는 ~하지 않아.

□ 그녀는 늦잠을 자지 않아.

□ 그녀는 아침에 결코 늦잠을 자지 않아.

□ 그녀는 너를 미워하지 않아.

□ 그녀는 그런 의도가 아니야.

□ 네가 그럴 의도가 있다고 그녀가 믿지는 않아.

□ 그는 말수가 많지 않아.

□ 그는 너의 과거에 대해 전혀 언급이 없어.

□ 그는 전혀 거짓말을 안 해.

□ 그는 TV를 시청하지 않아.

□ 네가 TV를 안 본다고 그가 믿지는 않아.

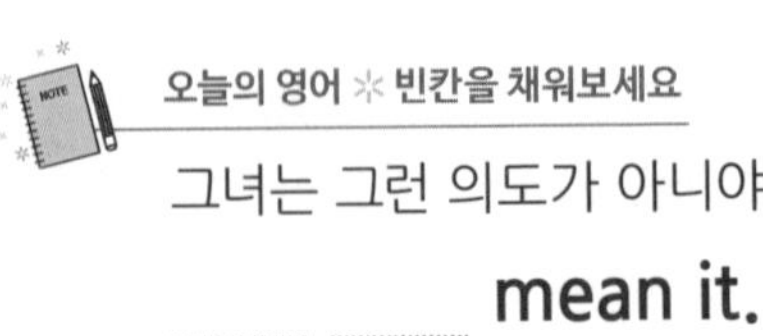

오늘의 영어 ✳ 빈칸을 채워보세요

그녀는 그런 의도가 아니야.

________ ________ mean it.

▷ 영상 보기

- ☐ She doesn't sleep late.
- ☐ She never sleeps late in the morning.
- ☐ She doesn't hate you.
- ☐ She doesn't mean it.
- ☐ She doesn't believe you mean it.
- ☐ He doesn't talk a lot.
- ☐ He doesn't talk about your past at all.
- ☐ He doesn't lie at all.
- ☐ He doesn't watch TV.
- ☐ He doesn't believe (that) you don't watch TV.

하루 한 문장 ✳ 점선을 따라 영어 문장을 똑같이 써보세요

그는 전혀 거짓말을 안 해.

He doesn't lie at all.

Day 24

Does it(명사) ~?

그것이 ~해?

□ 그게 너한테 문제가 돼?

□ 내가 어떻게 생각하는지가 네게 정말 문제가 돼?

□ 여기 6월에 비가 와?

□ 여기 겨울에 눈이 많이 내려?

□ 그것도 (세고 나서) 포함하는 거야?

□ 그 직업이 돈을 잘 벌어?

□ 그것이 너한테 잘 맞아?

□ 그 파란 셔츠가 너한테 잘 맞아?

□ 커피가 너의 수면에 영향을 미쳐?

□ 커피 마시면 밤에 잠이 안 와?

오늘의 영어 ✳ 빈칸을 채워보세요

그게 너한테 문제가 돼?

_____ _____ matter to you?

☐ Does it matter to you?

☐ Does it really matter what I think to you ?

☐ Does it rain here in June?

☐ Does it snow a lot here in winter?

☐ Does it count too?

☐ Does that job pay well?

☐ Does it fit you well?

☐ Does that blue shirt fit you well?

☐ Does coffee affect your sleep?

☐ Does coffee keep you up(awake) at night?

하루 한 문장 ✻ 점선을 따라 영어 문장을 똑같이 써보세요

그것이 너한테 잘 맞아?

Does it fit you well?

Day 25

명사 (doesn't) 동사 ~.

무엇은 ~(안) 해.

□ 그 문은 안에서 열려.

□ 행복으로 향하는 문은 항상 안에서 먼저 열려.

□ 이 문은 밖에서는 안 열려.

□ 그 가게는 10시까지는 문을 안 열어.

□ 그의 연설은 항상 나를 깨우쳐.

□ 이 의자는 잘 안 접혀.

□ 이 의자는 잘 접혀.

□ 이 책은 잘 팔려.

□ cf) 이 책(가방)들은 잘 팔려.

□ 이거 닭고기 맛이 나는데.

오늘의 영어 ✻ 빈칸을 채워보세요

그 문은 안에서 열려.

_____ _____ _____ from inside.

▷ 영상 보기

- ☐ The door opens from inside.
- ☐ The door to happiness always opens from inside first.
- ☐ The door doesn't open from outside.
- ☐ The store doesn't open until 10 a.m.
- ☐ His speech always opens my eyes.
- ☐ This chair doesn't fold easily.
- ☐ This chair folds easily.
- ☐ This book sells well.
- ☐ cf) These books(bags) sell well.
- ☐ This tastes like chicken.

하루 한 문장 ✲ 점선을 따라 영어 문장을 똑같이 써보세요

이 책은 잘 팔려.

This book sells well.

Day 26

It doesn't ~.

그것이 ~하지 않아.

□ 나는 그거 (전혀) 신경 안 쓰여.

□ 그가 나에 대해 한 말이 전혀 신경 안 쓰여.

□ 그건 별로 문제가 안 돼.

□ 이건 앞뒤가 맞지 않아.

□ 그의 설명은 들어맞지 않아. cf) 그의 말들은 들어맞지 않아.

□ 그 셔츠는 너한테 전혀 안 맞아.

□ 커피 마셔도 나는 잠을 잘 자.

□ 우유는 오래가는 식품이 아니지.

□ 우유는 오래가지 않으니까 냉장고에 넣어둬.

□ 내 허리가 더 이상 아프지 않아.

오늘의 영어 ✳ 빈칸을 채워보세요

그건 별로 문제가 안 돼.

________ ________ really matter.

▷ 영상 보기

- ☐ It doesn't bother me (at all).
- ☐ What he said about me doesn't bother me at all.
- ☐ It doesn't really matter.
- ☐ It doesn't add up.
- ☐ His explanation doesn't add up. cf) His words don't add up.
- ☐ That shirt doesn't fit you at all.
- ☐ Coffee doesn't keep me awake.
- ☐ Milk doesn't last long.
- ☐ Milk doesn't last long, so keep it in the fridge.
- ☐ My back doesn't hurt anymore.

하루 한 문장 ✲ 점선을 따라 영어 문장을 똑같이 써보세요

내 허리가 더 이상 아프지 않아.

My back doesn't hurt anymore.

Day
27

What is your ~?

당신의 ~은 뭐죠?

□ 네 전화번호가 뭔데?

□ 네 비밀번호가 뭔데?

□ 네 혈액형이 뭔데?

□ 네가 제일 좋아하는 색깔이 뭔데?

□ 지금까지 최고의 영화(책)은 뭐야?

□ 오늘 환율이 어떻게 되지?

□ 그렇다면 그 차이가 뭔데?

□ 녹차와 홍차의 차이가 뭐죠?

□ 프랑스의 (가구당) 평균 소득이 얼마야?

□ 지금 이자율이 뭐죠?

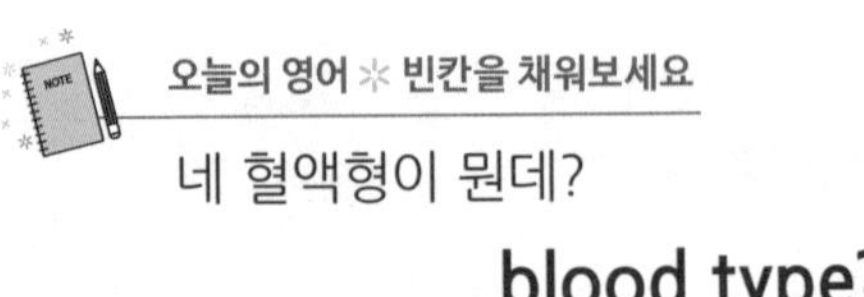

오늘의 영어 ✳ 빈칸을 채워보세요

네 혈액형이 뭔데?

______ ______ blood type?

- ☐ What is your phone number?
- ☐ What's the password?
- ☐ What's your blood type?
- ☐ What's your favorite color?
- ☐ What's your favorite movie(book) ever?
- ☐ What's the exchange rate today?
- ☐ What's the difference then?
- ☐ What's the difference between green tea and black tea?
- ☐ What's the average (household) income in France?
- ☐ What's the interest rate now?

하루 한 문장 ✳ 점선을 따라 영어 문장을 똑같이 써보세요

오늘 환율이 어떻게 되지?

What's the exchange rate today?

Day 28

When is your ~?

당신의 ~은 언제죠?

□ 네 결혼식 (날짜가) 언제야?

□ 아기 출산일이 언제야?

□ (일 혹은 출산) 예정일이 언제야?

□ 일 없이 쉬는 날이 언제야?

□ 네 생일이 언제야?

□ 프라하로 가는 다음 기차가 언제죠?

□ 샌프란시스코행 다음 비행편이 언제죠?

□ 다음 번 선거가 언제죠?

□ 다음 번 대통령 선거가 언제죠?

□ 다음 번 국경일이 언제죠?

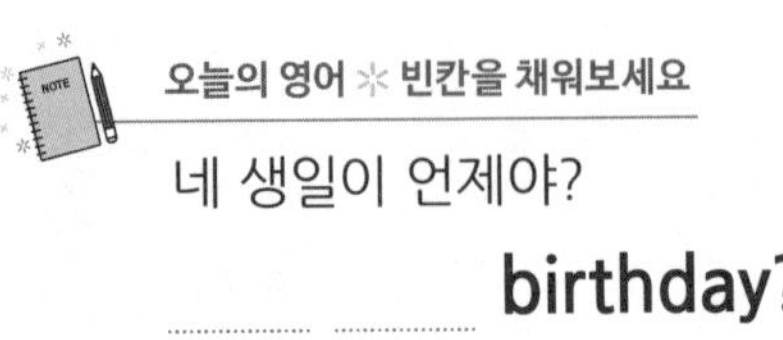

오늘의 영어 ✻ 빈칸을 채워보세요

네 생일이 언제야?

.... birthday?

▷ 영상 보기

- ☐ When is your wedding (date)?
- ☐ When's your baby due?
- ☐ When's the due date?
- ☐ When's your day off?
- ☐ When's your birthday?
- ☐ When is the next train to Prague?
- ☐ When is the next flight to San Francisco?
- ☐ When's the next election?
- ☐ When's the next presidential election?
- ☐ When's the next national holiday?

하루 한 문장 ✳ 점선을 따라 영어 문장을 똑같이 써보세요

다음 번 선거가 언제죠?

When's the next election?

Day
29

Where is your ~?

당신의 ~은 어디죠?

□ 네 자리가 어디야?

□ 네 자리 번호는 무엇이야?

□ 네 큰형은 어디 있어?

□ 네 마음은 어디 있어?

□ 네 양심은 어디 있어?

□ 그 유명한 프랑스 식당은 어디죠?

□ 이 근처에 유명한 이탈리아 식당은 어디죠?

□ 이 근처에 가장 가까운 병원은 어디죠?

□ 시청으로 가는 가장 가까운 출구는 어디죠?

□ 왕궁으로 가는 가장 가까운 출구는 어디죠?

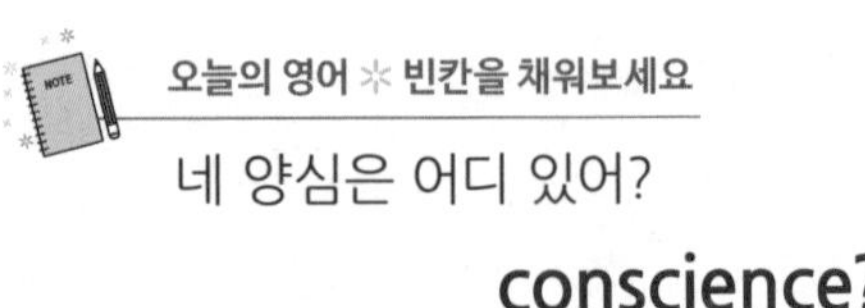

오늘의 영어 ✳ 빈칸을 채워보세요

네 양심은 어디 있어?

________ ________ conscience?

- ☐ Where is your seat?
- ☐ What's your seat number?
- ☐ Where's your big brother?
- ☐ Where's your heart?
- ☐ Where's your conscience?
- ☐ Where's the famous French restaurant?
- ☐ Where's the famous Italian restaurant around here?
- ☐ Where's the nearest hospital around here?
- ☐ Where's the nearest exit to City Hall?
- ☐ Where's the nearest exit to the Royal Palace?

하루 한 문장 ✻ 점선을 따라 영어 문장을 똑같이 써보세요

그 유명한 프랑스 식당은 어디죠?

Where's the famous French restaurant?

Day 30

Who is ~?

~은 누구죠?

□ 이 사진에서 네 여자친구가 누구야?

□ 이 사진에서 네 부모님이 누구셔?

□ 네 본보기가 되는 사람은 누구야?

□ 네가 가장 좋아하는 야구 선수는 누구야?

□ 제일 좋아하는 화가(영화배우)는 누구야?

□ 저쪽에 서 있는 여자아이는 누구죠?

□ 우리쪽으로 걸어오는 여자아이는 누구죠?

□ 저기에서 말(요리/독서)하고 있는 여자아이는 누구죠?

□ 선글라스를 쓰고 있는 남자는 누구죠?

□ 벤치에 앉아 있는 여자는 누구죠?

오늘의 영어 ✳ 빈칸을 채워보세요

이 사진에서 네 여자친구가 누구야?

.... your girlfriend in this photo?

- ☐ Who is your girlfriend in this photo?
- ☐ Who are your parents in this photo?
- ☐ Who's your role model?
- ☐ Who's your favorite baseball player?
- ☐ Who's your favorite painter(movie star)?
- ☐ Who's that girl standing over there?
- ☐ Who's that girl walking toward us?
- ☐ Who's that girl talking(cooking/reading) there?
- ☐ Who's that man wearing sunglasses?
- ☐ Who's that lady(woman) sitting on a bench?

하루 한 문장 ✻ 점선을 따라 영어 문장을 똑같이 써보세요

선글라스를 쓰고 있는 남자는 누구죠?

Who's that man wearing sunglasses?

Day 31

Why is it/ she(he) ~?

왜 그것이/그녀(그)가 이런 거죠?

□ 오늘 아침에 왜 (이렇게) 추운 거지?

□ 여름철이야. 왜 오늘 아침 이렇게 추운 거지?

□ 왜 그게 (그렇게) 어렵지?

□ 왜 그와 일하는 게 그렇게 어렵지?

□ 왜 BTS가 그렇게 인기가 있지?

□ 왜 그녀는 항상 바쁜 거지?

□ 왜 그는 내 주변에서 그렇게 긴장하는 거지?

□ 왜 그는 내가 볼 때마다 그렇게 화가 난 거지?

□ 왜 그는 내 주위에서는 그렇게 조용한 거지?

□ 왜 톰은 항상 그렇게 피곤한 거야?

오늘의 영어 ✻ 빈칸을 채워보세요

왜 그와 일하는 게 그렇게 어렵지?

.... so difficult to work with him?

☐ Why is it (so) cold this morning?

☐ It's summertime. Why is it so cold this morning?

☐ Why is it (so) difficult?

☐ Why is it so difficult to work with him?

☐ Why is BTS so popular?

☐ Why is she so busy all the time?

☐ Why is he so nervous around me?

☐ Why is he so angry every time I see him?

☐ Why is he so quiet around me?

☐ Why is Tom so tired all the time?

하루 한 문장 ✳ 점선을 따라 영어 문장을 똑같이 써보세요

왜 그녀는 항상 바쁜 거지?

Why is she so busy all the time?

Day 32

How is your ~?

~이 어떻죠?

□ 가족은 어때요?

□ 커피는 어때요?

□ 음료는 어때요? 너무 강해요?

□ 새로 시작한 사업은 어때요?

□ 응급실에 있는 그녀의 상황은 어때?

□ 오늘 날씨는 어때요?

□ (이제) 독일의 경제는 어때요?

□ 그녀의 영어 실력은 어때요(좋아요)?

□ 지금 상황이 얼마나 나빠요?

□ 이 김치가 얼마나 맵죠?

오늘의 영어 ✻ 빈칸을 채워보세요

가족은 어때요?

____ ____ ____ family?

☐ How is your family?

☐ How's your coffee?

☐ How's your drink? Is it too strong for you?

☐ How's your new business?

☐ How's her condition in the ER now?

☐ How's the weather today?

☐ How's the German economy (now)?

☐ How (good) is her English?

☐ How bad is the situation now?

☐ How spicy is this kimchi?

하루 한 문장 ✳ 점선을 따라 영어 문장을 똑같이 써보세요

오늘 날씨는 어때요?

How's the weather today?

Day 33

How was your ~?

네 ~은 어땠어?

□ 쿠바로 갔던 여행은 어땠어?

□ 오스트리아(호주)로 갔던 여행은 어땠어?

□ 꿈에 그리던 여자와의 데이트는 어땠어?

□ 역사 시험은 어땠어?

□ 어제 음악회는 어땠어?

□ 직장 면접은 어땠어?

□ 그 식당의 음식은 어땠어?

□ 오늘 아침 직원 회의는 어땠어?

□ 오늘 오후의 사업 회의는 어땠어?

□ 네가 지난 밤 보았던 영화는 어땠어?

오늘의 영어 ✳ 빈칸을 채워보세요

쿠바로 갔던 여행은 어땠어?

_____ _____ _____ trip to Cuba?

- ☐ How was your trip to Cuba?
- ☐ How was your trip to Austria(Australia)?
- ☐ How was the date with your dream girl?
- ☐ How was the history exam?
- ☐ How was the concert yesterday?
- ☐ How was your job interview?
- ☐ How was the food at(of) the restaurant?
- ☐ How was the staff meeting this morning?
- ☐ How was the business meeting this afternoon?
- ☐ How was the movie you watched last night?

하루 한 문장 ✻ 점선을 따라 영어 문장을 똑같이 써보세요

직장 면접은 어땠어?

How was your job interview?

Day 34

It(명사) was ~.

그것은 ~했어.

□ 그거 정말 많이 재미있었어.

□ 너와 이야기를 하게 되어서 좋았어.

□ 만나게(함께 일하게) 되어서 좋았어.

□ 그거 기다린 보람이 있었어.

□ 그 책은 돈(시간)을 투자할 만했어.

□ 여행은 환상적이었어.

□ 음식은 정말 맛있었어.

□ 그 한국 요리(음식)는 매웠지만 맛있었어.

□ 네 충고는 정말 도움이 되었어.

□ 너의 시기적절한 도움은 멋졌어.

오늘의 영어 ✳ 빈칸을 채워보세요

그거 정말 많이 재미있었어.

______ ______ so much fun.

☐ It was so much fun.

☐ It was nice talking to you.

☐ It was nice meeting(working with) you.

☐ It was worth the wait.

☐ The book was worth your money(time).

☐ The trip was fantastic.

☐ The food was really delicious.

☐ The Korean dish(food) was hot but tasty.

☐ Your advice was really helpful.

☐ Your timely help was awesome.

Day 01~20
Day 21~40
Day 41~60
Day 61~80
Day 81~100

하루 한 문장 ✳ 점선을 따라 영어 문장을 똑같이 써보세요

네 충고는 정말 도움이 되었어.

Your advice was really helpful.

Day 35

It was a ~.

그것이 ~이었어.

□ 그게 너의 마지막 기회였어(기회야).

□ 그것이 너의 마지막 기회였어.

□ 그게 그의 마지막 전화였어.

□ 그게 마치 꿈 같았어.

□ 그게 마치 첫눈에 빠진 사랑 같았어.

□ 그거 그냥 농담이었어.

□ 그거 그냥 농담이었으니까, 긴장 풀어.

□ 오늘은 긴(힘든) 하루였어.

□ 오늘은 길고 힘든 하루였어.

□ 그거 식은 죽 먹기였어.

오늘의 영어 ✳ 빈칸을 채워보세요

오늘은 길고 힘든 하루였어.

_____ _____ _____ long and hard day.

▷ 영상 보기

☐ It was(is) your last chance.

☐ That was your last opportunity.

☐ It was his last call.

☐ It was like a dream.

☐ It was like love at first sight.

☐ It was just a joke.

☐ It was just a joke, so loosen up!

☐ It was a long day.

☐ It was a long and hard day.

☐ It was a piece of cake.

하루 한 문장 ✻ 점선을 따라 영어 문장을 똑같이 써보세요

그거 식은 죽 먹기였어.

It was a piece of cake.

Day 36

It was not ~.

그것은 ~이 아니었어.

□ 그건 질문이 아니었어; 명령이었지.

□ 그건 단지 거짓말이 아니었어; 함정이었지.

□ 그건 꿈이 아니었어; 악몽이었지.

□ 그건 악몽이 아니었어; 아름다운 꿈이었지.

□ 그건 그림이 아니었어; 사진이었지.

□ 네가 생각했던 것만큼 나쁘지는 않았어.

□ 네가 생각했던 것만큼 어렵지는 않았어.

□ 네가 생각했던 것만큼 시원하지는(멋지지는) 않았어.

□ 네가 생각했던 것만큼 복잡하지는 않았어.

□ 네가 생각했던 것만큼 단순하지는 않았어.

오늘의 영어 ✳ 빈칸을 채워보세요

그건 질문이 아니었어; 명령이었지.

.... a question; it was an order.

▷ 영상 보기

□ It wasn't a question; it was an order.

□ It wasn't just a lie; it was a trap.

□ It wasn't a dream; it was a nightmare.

□ It wasn't a nightmare; it was a beautiful dream.

□ It wasn't a painting; it was a photo.

□ It wasn't as bad as you thought.

□ It wasn't as hard as you thought.

□ It wasn't as cool as you thought.

□ It wasn't as complicated as you thought.

□ It wasn't as simple as you thought.

하루 한 문장 ✻ 점선을 따라 영어 문장을 똑같이 써보세요

네가 생각했던 것만큼 나쁘지는 않았어.

It wasn't as bad as you thought.

Day 37

It's not ~.

그것은 ~이 아니야.

□ 그건 네 잘못이 아니야.

□ (모든 사람을 구하는 건) 네 일이 아니야.

□ 모든 사람을 돕는 건 네 일이 아니야.

□ 더 이상 네가 관여할 일이 아니야.

□ 더 이상 내가 관여할 일이 아니야.

□ 밖은 아직 어둡지 않아.

□ 그거 재미없어, 그러니까 그만해.

□ 그거 그리 공정하지 않아.

□ 그거 더 이상 뜨겁지(인기 있지) 않아.

□ 그거 더 이상 크지(대단하지) 않아.

오늘의 영어 ✳ 빈칸을 채워보세요

더 이상 네가 관여할 일이 아니야.

________ ________ your business anymore.

☐ It's not(It isn't) your fault.

☐ It's not your job (to save everyone).

☐ It's not your job to help everyone.

☐ It's not your business anymore.

☐ It's not my business anymore.

☐ It's not dark outside yet.

☐ It's not funny, so stop it.

☐ It's not quite fair.

☐ It's not hot anymore.

☐ It's not big anymore.

하루 한 문장 ✲ 점선을 따라 영어 문장을 똑같이 써보세요

밖은 아직 어둡지 않아.

It's not dark outside yet.

Day 38

Are you 동사ing ~?

너, 지금 ~하는 중이야?

- □ 가족을 위해서 저녁을 요리하고 있는 거야?
- □ (평소에) 가족을 위해 저녁을 요리해?
- □ 회의에 오고 있는 거야, 아니야?
- □ (우리) 저녁식사에 오는 거야, 아니야?
- □ 내가 생각하는 걸 너도 생각하고 있는 거야?
- □ 지금 친구들과 함께 술 마시고 있는 거야?
- □ (평소에) 친구들과 술을 마셔?
- □ 너, 내 충고를 요청하고 있는 거야?
- □ 너, 나한테 진실을 숨기고 있는 거야?
- □ 너, 엎질러진 우유를 보고 울고 있는 거야?

오늘의 영어 ✳ 빈칸을 채워보세요

회의에 오고 있는 거야, 아니야?

.... to the meeting or not?

☐ Are you cooking dinner for your family?

☐ Do you cook dinner for your family?

☐ Are you coming to the meeting or not?

☐ Are you coming to (our) dinner or not?

☐ Are you thinking what I'm thinking?

☐ Are you drinking with your friends now?

☐ Do you drink with your friends?

☐ Are you asking (me) for my advice?

☐ Are you hiding the truth from me?

☐ Are you crying over spilled milk?

하루 한 문장 ✳ 점선을 따라 영어 문장을 똑같이 써보세요

너, 엎질러진 우유를 보고 울고 있는 거야?

Are you crying over spilled milk?

Day 39

What are you 동사ing ~?

너, 무엇을 ~하는 중이야?

□ 지금 무엇을 시청하고 있는 거야?

□ 지금 무엇을 먹고 있는 거야?

□ 지금 무엇을 읽고 있는 거야?

□ 지금 무엇을 자고 있는 거야? (x)

□ 지금 자고 있는 거야? (o)

□ 지금 무엇을 마시고 있어?

□ 너, 무엇을 찾고 있는 거야?

□ 너, 무엇을 보고 있는 거야?

□ 너, 무엇을 기다리고 있는 거야?

□ 너, 무엇을 위해 싸우고 있는 거야?

오늘의 영어 ✳ 빈칸을 채워보세요

지금 무엇을 읽고 있는 거야?

.... now?

☐ What are you watching now?

What are you watch? (×) / What do you watching? (×) / What do you watch? (○)

☐ What are you having now?

☐ What are you reading now?

☐ What are you sleeping? (×)

☐ Are you sleeping? (○)

☐ What are you drinking now?

☐ What are you looking for?

☐ What are you looking at?

☐ What are you waiting for?

☐ What are you fighting for?

하루 한 문장 ✳ 점선을 따라 영어 문장을 똑같이 써보세요

너, 무엇을 찾고 있는 거야?

What are you looking for?

Day 40

What do you ~?

당신은 무엇을 ~하죠?

□ 나한테서 원하는 게 뭐야?

□ 이 기획(관계)에서 원하는 게 뭐야?

□ 그게 무슨 뜻인데?

□ 주말에 어떤 여흥을 즐기는데?

□ 점심식사로는 보통 무엇을 먹어?

□ 그에 대해서 무엇을 알아?

□ 직업이 뭐예요?

□ 톰의 어디가 그렇게 좋은데?

□ 염두에 두고 있는게 뭔데?

□ 저녁식사로 무엇을 염두에 두고 있는데?

오늘의 영어 ✳ 빈칸을 채워보세요

나한테서 원하는 게 뭐야?

.... want from me?

- ☐ What do you want from me?
- ☐ What do you want from this project(relationship)?
- ☐ What do you mean by it?
- ☐ What do you do for fun on weekends?
- ☐ What do you usually have for lunch?
- ☐ What do you know about him?
- ☐ What do you do for a living?
  cf) What are you doing? (지금 뭐 해?)
- ☐ What do you like so much about Tom?
- ☐ What do you have in mind?
- ☐ What do you have in mind for dinner?

하루 한 문장 ✻ 점선을 따라 영어 문장을 똑같이 써보세요

그에 대해서 무엇을 알아?

What do you know about him?

Day 41

When do you ~?

언제 ~을 해요?

- □ 언제 일어나요?
- □ 언제 출근해요?
- □ 언제 잠자리에 들어요?
- □ 오늘 언제 일이 끝나요?
- □ 보통 언제 저녁을 먹어요?
- □ 언제 행복해요?
- □ 언제 화분에 물을 줘요?
- □ 개는 언제 산책시켜요?
- □ 오늘 언제 문 닫아요?
- □ 내일 언제 문을 열어요?

오늘의 영어 ✳ 빈칸을 채워보세요

언제 잠자리에 들어요?

.... go to sleep?

▷ 영상 보기

☐ When do you get up?

☐ When do you go to work?

☐ When do you go to sleep?

☐ When do you finish work today?

☐ When do you usually have dinner?

☐ When do you feel happy?

☐ When do you water your plants?

☐ When do you walk your dog?

☐ When do you close today?

☐ When do you open tomorrow?

하루 한 문장 ✻ 점선을 따라 영어 문장을 똑같이 써보세요

오늘 언제 문 닫아요?

When do you close today?

Day 42

Where do you ~?

어디에서 ~을 하죠?

□ 어디에 살아요?

□ 어디에 통증이 느껴지세요?

□ 어디에서 장을 봐요?

□ 어디에서 점심식사를 해요?

□ 보통 이 근처 어디에서 점심식사를 하죠?

□ 어디에서 공부를 해요?

□ 어디에서 환전을 하나요?

□ 이 쟁점에 대한 본인의 입장은 뭐죠?

□ 도시의 어디에서 살아요?

□ (몸의) 어느 부분에서 살이 먼저 빠지죠?

오늘의 영어 ✳ 빈칸을 채워보세요

어디에 통증이 느껴지세요?

.... feel pain?

▷ 영상 보기

☐ Where do you live?

☐ Where do you feel pain?

☐ Where do you shop your groceries?

☐ Where do you have lunch?

☐ Where do you usually have lunch around here?

☐ Where do you study?

☐ Where do you exchange money?

☐ Where do you stand on this issue?

☐ Where do you live in the city?

☐ Where (in the body) do you lose weight first?

하루 한 문장 ✳ 점선을 따라 영어 문장을 똑같이 써보세요

어디에서 공부를 해요?

Where do you study?

Day 43

Who do you ~?

누구를 ~해요?

☐ 누구를 가장 사랑해요?

☐ 누구를 가장 존경하죠?

☐ 여기에서 누가 보여요?

☐ 여기에서 누구를 알아요?

☐ 누가 가장 필요해요?

☐ 누구를 만나고 싶어요?

☐ 누가 되고 싶어요?

☐ 누구와 함께 일을 해요?

☐ 누구와 함께 커피를 마셔요?

☐ 누구와 함께 점심식사를 해요?

오늘의 영어 ✳ 빈칸을 채워보세요

누구를 가장 사랑해요?

.... love the most?

□ Who do you love the most?

□ Who do you respect the most?

□ Who do you see here?

□ Who do you know here?

□ Who do you need the most?

□ Who do you want to meet?

□ Who do you want to become?

□ Who do you work with?

□ Who do you drink coffee with?

□ Who do you have lunch with?

하루 한 문장 ✳ 점선을 따라 영어 문장을 똑같이 써보세요

누구와 함께 일을 해요?

Who do you work with?

Day 44

How do you ~?

어떻게 ~해요?

☐ 어떻게 톰 크루즈를 알아요?

☐ 어떻게 책을 하루에 한 권씩 읽어요?

☐ 어떻게 전화번호를 차단해요?

☐ 어떻게 달걀을 삶으면 돼요?

☐ 어떻게 휴대폰을 리셋하면 돼요?

☐ 어떻게 은행계좌를 개설해요?

☐ 어떻게 넥타이를 매죠?

☐ 어떻게 스테이크 고기를 구워드릴까요?
cf) 중간 정도(바싹/덜 익게) 해주세요.

☐ 어떻게 시간을 관리해요?

☐ 어떻게 스트레스를 관리해요?

오늘의 영어 ✳ 빈칸을 채워보세요

어떻게 전화번호를 차단해요?

____ ____ ____ block a number?

☐ How do you know Tom Cruise?

☐ How do you read a book a(per) day?

☐ How do you block a number?

☐ How do you boil eggs?

☐ How do you reset your phone?

☐ How do you open a bank account?

☐ How do you tie a tie?

☐ How do you like your steak?
cf) Medium(Well done/Rare), please.

☐ How do you manage your time?

☐ How do you handle stress?

하루 한 문장 ✳ 점선을 따라 영어 문장을 똑같이 써보세요

어떻게 은행계좌를 개설해요?

How do you open a bank account?

Day 45

Why do you(we) ~?

왜 당신은(우리는) ~을 하죠?

□ 왜 나를 사랑(미워)해요?

□ 왜 나를 그렇게 미워해요?

□ 왜 항상 (그렇게) 일찍 일어나요?

□ 왜 그렇게 생각해요?

□ 왜 매일 저녁에 뛰죠?

□ 왜 우리는 잠을 자는 거죠?

□ 왜 우리는 노화하는 거죠?

□ 우리는 왜 하품이나 재채기를 하는 거죠?

□ 왜 우리는 항상 걱정을 하는 거죠?

□ 왜 우리는 매운 음식을 좋아하는 거죠?

오늘의 영어 ✳ 빈칸을 채워보세요

왜 나를 그렇게 미워해요?

.... hate me so much?

▷ 영상 보기

☐ Why do you love(hate) me?

☐ Why do you hate me so much?

☐ Why do you always get up (so) early?

☐ Why do you think like that?

☐ Why do you run every evening?

☐ Why do we sleep?

☐ Why do we age?

☐ Why do we yawn or sneeze?

☐ Why do we worry all the time?

☐ Why do we like spicy food?

하루 한 문장 ✳ 점선을 따라 영어 문장을 똑같이 써보세요

왜 우리는 항상 걱정을 하는 거죠?

Why do we worry all the time?

Day 46

When can I ~?

제가 언제 ~할 수 있어요?

□ 제가 언제 전화하면 돼요?

□ 제가 언제 그것을 취소할 수 있어요?

□ 제가 언제 집에 갈 수 있어요?

□ 제가 언제 결과를 볼 수 있어요?

□ 제가 언제 투숙할 수 있어요?

□ 제가 언제 당신처럼 그릴 수 있죠?

□ 제가 언제 당신처럼 말할 수 있죠?

□ 제가 언제 당신처럼 똑똑해질 수 있죠?

□ 제가 언제 제 돈을 돌려받을 수 있죠?

□ 제가 언제 쉴 수 있죠?

오늘의 영어 ✳ 빈칸을 채워보세요

제가 언제 결과를 볼 수 있어요?

______ ______ ______ see the results?

▷ 영상 보기

☐ When can I call you?

☐ When can I cancel it?

☐ When can I go home?

☐ When can I see the results?

☐ When can I check in?

☐ When can I paint like you?

☐ When can I speak like you?

☐ When can I be smart like you?

☐ When can I get my money back?

☐ When can I take a break?

하루 한 문장 ✲ 점선을 따라 영어 문장을 똑같이 써보세요

제가 언제 쉴 수 있죠?

When can I take a break?

Day 47

Where can I ~?

제가 어디에서 ~을 할 수 있죠?

☐ 어디에서 자전거를 빌릴 수 있어요?

☐ 어디에서 지하철 통행권을 살 수 있어요?

☐ 이 근처 어디에 주차를 할 수 있어요?

☐ 이 안의 어디에서 음식을 주문할 수 있어요?

☐ 전화기를 어디에서 충전할 수 있어요?

☐ 어디에 제 가방을 맡길 수 있죠?

☐ 어디에서 도움을 얻을 수 있죠?

☐ 어디에서 헌혈을 할 수 있죠?

☐ 하바나에서는 어디 가면 사람을 만날 수 있죠?

☐ 이 근처 어디에서 택시를 탈 수 있죠?

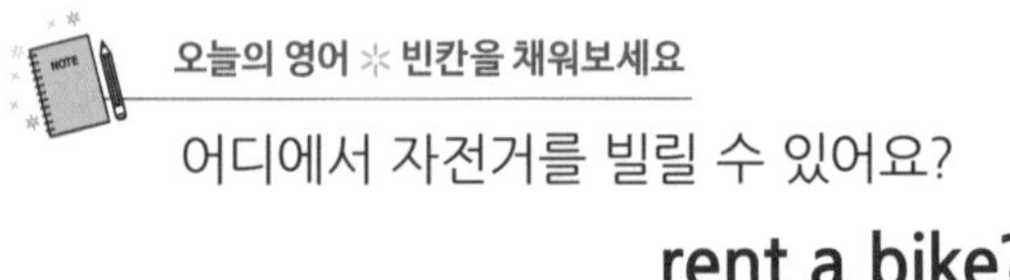

오늘의 영어 ✳ 빈칸을 채워보세요

어디에서 자전거를 빌릴 수 있어요?

.... rent a bike?

☐ Where can I rent a bike?

☐ Where can I buy subway passes?

☐ Where can I park around here?

☐ Where can I order food in here?

☐ Where can I charge my phone?

☐ Where can I leave my bags?

☐ Where can I get help?

☐ Where can I give(donate) blood?

☐ Where can I meet people in Havana?

☐ Where can I take a taxi around here?

하루 한 문장 ✳ **점선을 따라 영어 문장을 똑같이 써보세요**

어디에서 도움을 얻을 수 있죠?

Where can I get help?

Day 48

What can I ~?

제가 무엇을 ~할 수 있죠?

□ 당신을 위해 제가 무엇을 할 수 있죠?

□ 조국을(미래를) 위해 제가 무엇을 할 수 있죠?

□ 무엇을 재활용할 수 있죠?

□ 당신에게서 제가 무엇을 배울 수 있죠?

□ 햇볕 화상에 무엇을 바르면 돼죠?

□ 비행기에 무엇을 가지고 탈 수 있죠?

□ 그것을 바꾸기 위해 무엇을 할 수 있죠?

□ 지구를 구하기 위해 무엇을 할 수 있죠?

□ 환경을 구하기 위해(미래를 위해) 무엇을 할 수 있죠?

□ 그녀를 돕기 위해 제가 무엇을 할 수 있죠?

오늘의 영어 ✳ 빈칸을 채워보세요

당신에게 제가 무엇을 배울 수 있죠?

.... learn from you?

▷ 영상 보기

- ☐ What can I do for you?
- ☐ What can I do for my country(for our future)?
- ☐ What can I recycle?
- ☐ What can I learn from you?
- ☐ What can I put on a sunburn?
- ☐ What can I carry(take) on a plane?
- ☐ What can I do to change it?
- ☐ What can I do to save the Earth?
- ☐ What can I do to save the environment(for the future)?
- ☐ What can I do to help her?

하루 한 문장 ✳ 점선을 따라 영어 문장을 똑같이 써보세요

그것을 바꾸기 위해 무엇을 할 수 있죠?

What can I do to change it?

Day 49

How can I ~?

어떻게 ~할 수 있죠?

☐ 어떻게 연락 드리면 될까요?

☐ 어떻게 개명을 할 수 있죠?

☐ 어떻게 너 없이 내가 살 수 있겠어?

☐ 어떻게 잠을 더 잘, 잘 수 있죠?

☐ 어떻게 더 빨리 배울 수 있죠?

☐ 어떻게 빨리 살을 뺄 수 있죠?

☐ 어떻게 몸무게를 늘릴(붙일) 수 있죠?

☐ 어떻게 나쁜 습관을 끊을 수 있죠?

☐ 어떻게 여권을 갱신할 수 있죠?

☐ 어떻게 그 상황을 피할 수 있죠?

오늘의 영어 ✳ 빈칸을 채워보세요

어떻게 더 빨리 배울 수 있죠?

.... learn faster?

- ☐ How can I reach you?
- ☐ How can I change my name?
- ☐ How can I live without you?
- ☐ How can I sleep better?
- ☐ How can I learn faster?
- ☐ How can I lose weight fast?
- ☐ How can I gain(put on) weight?
- ☐ How can I break bad habits?
- ☐ How can I renew my passport?
- ☐ How can I avoid the situation?

하루 한 문장 ✻ 점선을 따라 영어 문장을 똑같이 써보세요

어떻게 나쁜 습관을 끊을 수 있죠?

How can I break bad habits?

Day 50

Who can I ~?

내가 누구를 ~할 수 있죠?

□ 누구를 초대할 수 있죠?

□ 이번 토요일 생일파티에 누구를 초대할 수 있죠?

□ 누구를 믿을(신뢰할) 수 있죠?

□ 누구에게 영감을 줄 수 있죠?

□ 사람들에게 어떻게 영감을 줄 수 있죠?

□ 누구와 함께 일할 수 있죠?

□ 이 기획을 성공리에 끝내려면 누구랑 일할 수 있죠?

□ 누구와 함께 여행할 수 있죠?

□ 누구와 함께 점심을 먹을 수 있죠?

□ 누구와 (이에 대해서) 이야기할 수 있죠?

오늘의 영어 ✳ 빈칸을 채워보세요

누구에게 영감을 줄 수 있죠?

______ ______ ______ inspire?

▷ 영상 보기

- ☐ Who can I invite?
- ☐ Who can I invite to my birthday party this Saturday?
- ☐ Who can I believe(trust)?
- ☐ Who can I inspire?
- ☐ How can I inspire people?
- ☐ Who can I work with?
- ☐ Who can I work with to finish this project successfully?
- ☐ Who can I travel with?
- ☐ Who can I lunch with?
- ☐ Who can I talk to (about this)?

하루 한 문장 ✻ 점선을 따라 영어 문장을 똑같이 써보세요

누구와 함께 여행할 수 있죠?

Who can I travel with?

PART 2.
DAY 51~100

입터영 100일 완성
2부 51강~100강

특집방송 1~8탄 수록

Day
51

Why can't I(we) ~?

왜 내(우리)가 ~하지 못할까?

☐ 왜 나는 친구를 사귀지 못할까요?

☐ 왜 내가 거기 혼자 가면 안 돼요? cf) 거기 안전해.

☐ 왜 나는 이름을 기억하지 못할까요?

☐ 왜 내가 친구들을 데리고 오면 안 돼?

☐ 왜 내가 너희랑 합류하면 안 돼?

☐ 왜 우리는 술을 끊지 못할까요?

☐ 나쁜 줄 알면서 왜 담배를 끊지 못할까?

☐ 왜 우리는 비밀을 지키지 못할까요?

☐ 왜 우리는 그 문제를 해결하지 못할까요?

☐ 왜 그것에 대해 말을 할 수 없어?

오늘의 영어 ✳ 빈칸을 채워보세요

왜 나는 친구를 사귀지 못할까요?

________ ________ ________ make friends?

☐ Why can't I make friends?

☐ Why can't I go there alone? cf) It's a safe place.

☐ Why can't I remember names?

☐ Why can't I bring my friends?

☐ Why can't I join you?

☐ Why can't we quit drinking?

☐ Why can't we quit smoking though we know it's bad for us?

☐ Why can't we keep a secret?

☐ Why can't we fix the problem?

☐ Why can't we talk about it?

하루 한 문장 ✲ 점선을 따라 영어 문장을 똑같이 써보세요

왜 우리는 술을 끊지 못할까요?

Why can't we quit drinking?

Day 52

Why did you ~?

너, 왜 ~을 했어?

□ 왜 나한테 거짓말을 했어?

□ 왜 너는 한 말을 어겼어?

□ 왜 작가가 되셨나요?

□ cf) 이처럼 성공하리라고 예상했나요?

□ 왜 오늘 점심을 건너뛰었어?

□ 왜 샌디에이고로 이사를 했어?

□ 왜 (그한테) 사과를 했어?

□ 왜 그를 (그렇게 쉽게) 용서했어?

□ cf) 그가 새로운 것을 배울 기회를 빼앗아간 듯해요.

□ 어제 왜 나한테 전화했어?

오늘의 영어 ✳ 빈칸을 채워보세요

왜 나한테 거짓말을 했어?

_____ _____ _____ lie to me?

☐ Why did you lie to me?

☐ Why did you break your word?

☐ Why did you become a writer?

☐ cf) Did you know you would be successful like this?

☐ Why did you skip lunch today?

☐ Why did you move to San Diego?

☐ Why did you apologize (to him)?

☐ Why did you forgive him (so easily)?

☐ cf) You took away a good chance for him to learn something.

☐ Why did you call me yesterday?

하루 한 문장 ✻ 점선을 따라 영어 문장을 똑같이 써보세요

어제 왜 나한테 전화했어?

Why did you call me yesterday?

Day
53

How did you ~?

너, 어떻게 ~했어?

□ 어떻게 그를 잡았어?

□ 어떻게 그것을 잃어버렸어?

□ 어떻게 마음을 바꾸었어?

□ 계약에 대한 그녀의 마음을 어떻게 바꾸었어?

□ 내가 거기 있는 것 어떻게 알았어?

□ 어떻게 전 세계를 여행했어?

□ 어떻게 마법의 양탄자를 발견했어?

□ 어떻게 그리 많이 살이 쪘어?

□ 어떻게 한 달 사이에 그리 많이 살이 쪘어?

□ 어떻게 살을 그렇게 많이 뺐어?

오늘의 영어 ✳ 빈칸을 채워보세요

어떻게 마음을 바꾸었어?

________ ________ ________ change your mind?

☐ How did you catch him?

☐ How did you lose it?

☐ How did you change your mind?

☐ How did you change her mind about the contract?

☐ How did you know I was there?

☐ How did you travel the whole world?

☐ How did you find the magic carpet?

☐ How did you gain so much weight?

☐ How did you gain so much weight over a month?

☐ How did you lose so much weight?

하루 한 문장 ✳ 점선을 따라 영어 문장을 똑같이 써보세요

어떻게 전 세계를 여행했어?

How did you travel the whole world?

Day 54

When did you ~?

너, 언제 ~을 했어?

□ 너, 언제 잠자리에 들었어?

□ 너, 언제 머리를 감았어?

□ 너, 언제 마지막으로 머리를 감았어?

□ 너, 언제 돌아왔어?

□ 너, 언제 마지막으로 그를 보았어?

□ 언제 처음으로 요가를 시작했어?

□ 언제 처음으로 그것에 대해 알았어?

□ 그가 파일을 훔쳤다는 거 언제 처음 알았어?

□ 언제 (마지막으로) 사람들 앞에서 울었어?

□ 언제 마지막으로 가족과 함께 정찬을 했어?

오늘의 영어 ✲ 빈칸을 채워보세요

너, 언제 머리를 감았어?

.... wash your hair?

▷ 영상 보기

- ☐ When did you go to bed?
- ☐ When did you wash your hair?
- ☐ When did you last wash your hair?
- ☐ When did you come back?
- ☐ When did you last see him?
- ☐ When did you first start your yoga?
- ☐ When did you first learn about it?
- ☐ When did you first learn that he stole the file?
- ☐ When did you (last) cry in front of others?
- ☐ When did you last dine with your family?

하루 한 문장 ✲ 점선을 따라 영어 문장을 똑같이 써보세요

언제 처음으로 그것에 대해 알았어?

When did you first learn about it?

Day 55

Where did you ~?

너, 어디에서 ~을 했어?

- ☐ 어디에 (차를) 세웠어?
- ☐ 파리의 어디에서 묵었어?
- ☐ 어디에서 학교를 다녔어?
- ☐ LA의 어디에서 학교를 다녔어?
- ☐ 오늘 아침 어디에서 조깅했어?
- ☐ 열쇠를 어디에 두었어?
- ☐ 뉴욕의 어디에서 자랐어?
- ☐ 어디에서 이발을 했어?
- ☐ 너, 어디에서 모발 염색을 했어?
- ☐ 그 책을 어디에서 찾았어?

오늘의 영어 ✳ 빈칸을 채워보세요

오늘 아침 어디에서 조깅했어?

.... run this morning?

☐ Where did you park (your car)?

☐ Where did you stay in Paris?

☐ Where did you go to school?

☐ Where did you go to school in LA?

☐ Where did you run this morning?

☐ Where did you put the keys?

☐ Where did you grow up in New York?

☐ Where did you get that haircut?

☐ Where did you have your hair colored?

☐ Where did you find the book?

하루 한 문장 ✳ 점선을 따라 영어 문장을 똑같이 써보세요

그 책을 어디에서 찾았어?

Where did you find the book?

Day 56

What did you ~?

너, 무엇을 ~했어?

□ 너, 뭐라고 말했어?

□ 너, 사람들 앞에서 내 아버지에 대해 뭐라고 했어?

□ 너, 내 머리(재킷/책)에 대해 뭐라고 말했어?

□ 오늘 무엇을 했어?

□ 점심식사로 무엇을 먹었어?

□ 저녁(아침)식사로 무엇을 먹었어?

□ (대학교에서) 무엇을 공부했어?

□ (이 여행에서) 무엇을 배웠어?

□ 예전에 무엇이 되고 싶었어?

□ 무엇을 사고(팔고) 싶었어?

오늘의 영어 ⁎ 빈칸을 채워보세요

오늘 무엇을 했어?

.... do today?

☐ What did you say?

☐ What did you say about my father in front of others?

☐ What did you say about my hair(jacket/book)?

☐ What did you do today?

☐ What did you have for lunch?

☐ What did you have for dinner(breakfast)?

☐ What did you study (in college)?

☐ What did you learn (from this trip)?

☐ What did you want to be(become)?

☐ What did you want to buy(sell)?

하루 한 문장 ✳ 점선을 따라 영어 문장을 똑같이 써보세요

점심식사로 무엇을 먹었어?

What did you have for lunch?

Day 57

Who did you ~?

네가 누구를 ~했어?

□ 누구를 뽑았어(골랐어)?

□ 팀을 위해서 누구를 선택(고용)했어?

□ 누구를 만났어?

□ 파티에 누구를 초대했어?

□ 누구를 도와주었어?

□ 누구한테 전화했어?

□ 누구를 찾아갔어?

□ 누구와 함께 공부했어?

□ 누구와 함께 놀았어(살았어)?

□ 누구와 함께 여행을(대화를) 했어?

오늘의 영어 ✳ 빈칸을 채워보세요

누구를 만났어?

________ ________ ________ meet?

▷ 영상 보기

☐ Who did you pick(choose)?

☐ Who did you select(hire) for your team?

☐ Who did you meet?

☐ Who did you invite to the party?

☐ Who did you help?

☐ Who did you call?

☐ Who did you visit?

☐ Who did you study with?

☐ Who did you play(live) with?

☐ Who did you travel(talk) with?

하루 한 문장 ✳ 점선을 따라 영어 문장을 똑같이 써보세요

누구한테 전화했어?

Who did you call?

Day 58

Who did ~?

누가 ~을 했어?

□ 누가 이것을 주문했어?

□ 누가 싸움을 시작했어?

□ 누가 경찰을 불렀어?

□ 누가 여기에 제일 먼저 도착했어?

□ 누가 내 치즈를 옮겼어?

□ 누가 이 방에서 담배를 피웠어?

□ 누가 내 전화기를 만졌어?

□ 누가 경기에서 이겼어(졌어)?

□ 누가 피라미드를 건설했어?

□ 누가 여기에 주차를 했어?

오늘의 영어 ✳ 빈칸을 채워보세요

누가 싸움을 시작했어?

______ ______ the fight?

▷ 영상 보기

☐ Who ordered this?

☐ Who started the fight?

☐ Who called the police?

☐ Who arrived here first?

☐ Who moved my cheese?

☐ Who smoked in this room?

☐ Who touched my phone?

☐ Who won(lost) the game?

☐ Who built the pyramids?

☐ Who parked the car here?

하루 한 문장 ✳ 점선을 따라 영어 문장을 똑같이 써보세요

누가 피라미드를 건설했어?

Who built the pyramids?

Day 59

What 과거동사 ~?

무엇이 ~했어?

□ (그에게) 무슨 일이 있었어?

□ 무엇이 잘못되었던 거야?

□ 여기는 어쩐 일이죠?

□ 무엇이 너를 (가장) 걱정하게 했어?

□ 무엇이 너를 (가장) 놀라게 했어?

□ 무엇 때문에 화가 났어?

□ 무엇 때문에 바빴어?

□ 무엇 때문에 사고가 난 거야?

□ 무엇 때문에 내전이 발발한 거야?

□ 무엇 때문에 기분이 안 좋아?

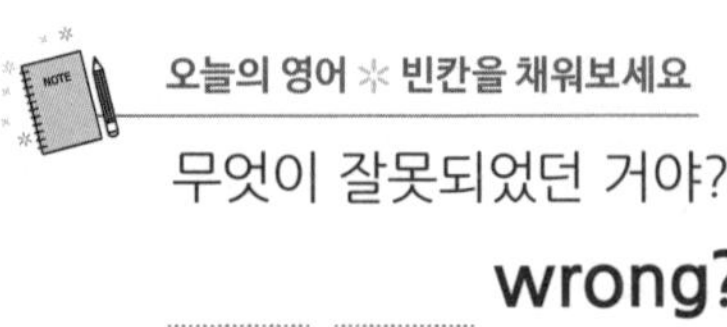

오늘의 영어 ✳ 빈칸을 채워보세요

무엇이 잘못되었던 거야?

.... wrong?

- ☐ What happened (to him)?
- ☐ What went wrong?
- ☐ What brought you here?
- ☐ What worried you (the most)?
- ☐ What surprised you (the most)?
- ☐ What made you angry?
- ☐ What made you busy?
- ☐ What caused the accident?
- ☐ What caused the civil war?
- ☐ What made you sad?

하루 한 문장 ✻ 점선을 따라 영어 문장을 똑같이 써보세요

무엇 때문에 사고가 난 거야?

What caused the accident?

Day 60

Who 현재동사 ~?

누가 ~하지?

☐ 아이스크림 먹을 사람 누구야?

☐ 제니의 번호를 가지고 있는 사람?

☐ 그의 주소를 아는 사람 누구야?

☐ 누가 네 말에 귀를 기울여줘?

☐ 누가 너를 도와줘?

☐ 누가 스마트 도시를 디자인하는데?

☐ 누가 가장 안전한 차를 만드는데?

☐ 먼저 가고 싶은 사람은 누구?

☐ 누가 내일 죽고 싶겠어?

☐ 이 질문에 답하고 싶은 사람은 누구?

오늘의 영어 ✳ 빈칸을 채워보세요

그의 주소를 아는 사람 누구야?

______ ______ his address?

▷ 영상 보기

Day 01~20
Day 21~40
Day 41~60
Day 61~80
Day 81~100

- ☐ Who wants ice cream?
- ☐ Who has Jenny's number?
- ☐ Who knows his address?
- ☐ Who listens to you?
- ☐ Who helps you?
- ☐ Who designs smart cities?
- ☐ Who makes the safest cars?
- ☐ Who wants to go first?
- ☐ Who wants to die tomorrow?
- ☐ Who wants to answer this question?

하루 한 문장 ✲ 점선을 따라 영어 문장을 똑같이 써보세요

누가 내일 죽고 싶겠어?

Who wants to die tomorrow?

Are/Do/Can/Will 4가지의 차이는?

Are you~?	너 ~이야?
Do you~?	너 ~해?
Can you~?	너 ~할 수 있어?
Will you~?	너 ~할 거야?

Are you ready? (○) vs. Do you ready? (×)

① Are you ready to travel the world?
전 세계를 여행할 준비가 되었어?

② Are you ready to take the test?
시험을 볼 준비가 되었어?

Do you run? (○) vs. Are you run? (×)

③ Do you run every day?

매일 뛰어?

④ Do you get up early every day?

매일 일찍 일어나?

Do you finish it? (×) vs. Will you finish it? (○)

⑤ Can you finish it by tomorrow?

내일까지 그것을 끝낼 수 있어?

⑥ Will you finish it by tomorrow?

내일까지 그것을 끝낼 거야?

⑦ Do you finish it by tomorrow? (×)

내일까지 그것을 끝내? (×)

⑧ Do you usually finish work at 6 pm? (○)

보통 6시에 일을 끝내?

Day 61

Are you ready to ~?

너, ~할 준비가 되었어?

☐ 나와 이야기할 준비가 되었어?

☐ 집에 돌아갈 준비가 되었어?

☐ 마라톤을 뛸 준비가 되었어?

☐ 우리 부모님을 만날 준비가 되었어?

☐ 아이를 가질 준비가 되었어?

☐ 거절할 준비가 되었어?

☐ 내 충고를 따를 준비가 되었어?

☐ 이제 진실을 볼 준비가 되었어?

☐ 네 사업을 할 준비가 되었어?

☐ 제대로 된 사람에게 투표할 준비가 되었어?

오늘의 영어 ✻ 빈칸을 채워보세요

마라톤을 뛸 준비가 되었어?

_____ _____ _____ _____ run a marathon?

☐ Are you ready to talk with me?

☐ Are you ready to go back home?

☐ Are you ready to run a marathon?

☐ Are you ready to meet my parents?

☐ Are you ready to have a baby?

☐ Are you ready to say no?

☐ Are you ready to follow my advice?

☐ Are you ready to see the truth now?

☐ Are you ready to start your (own) business?

☐ Are you ready to vote for the right person?

하루 한 문장 ✳ **점선을 따라 영어 문장을 똑같이 써보세요**

거절할 준비가 되었어?

Are you ready to say no?

Day 62

Do you want to ~?

너, ~하고 싶어?

□ 돈을 모으고 싶어?

□ 이제 떠나고 싶어?

□ 농담 하나 듣고 싶어?

□ 이 음식 먹어보고 싶어?

□ 나중에 합류하고 싶어?

□ 영원히 살고 싶어?

□ 비밀을 하나 알고 싶어?

□ 스페인어를 배우고 싶어?

□ 직장을 그만두고 싶어?

□ 눈사람을 만들고 싶어?

오늘의 영어 ✻ 빈칸을 채워보세요

이 음식 먹어보고 싶어?

____ ____ ____ ____ try this food?

▷ 영상 보기

☐ Do you want to save money?

☐ Do you want to leave now?

☐ Do you want to hear a joke?

☐ Do you want to try this food?

☐ Do you want to join us later?

☐ Do you want to live forever?

☐ Do you want to know a secret?

☐ Do you want to learn Spanish?

☐ Do you want to quit your job?

☐ Do you want to build a snowman?

하루 한 문장 ✳ 점선을 따라 영어 문장을 똑같이 써보세요

비밀을 하나 알고 싶어?

Do you want to know a secret?

Day
63

Do you know how to ~?

너, 어떻게 ~하는지 알아?

□ 너, 어떻게 탱고를(춤을) 추는지 알아?

□ 너, 어떻게 오페라를 부르는지 알아?

□ 너, 어떻게 파스타를 만드는지 알아?

□ 너, 어떻게 이 차를 운전하는지 알아?

□ 너, 어떻게 러시아어를 읽는지 알아?

□ 너, 어떻게 키스를 하는지 알아?

□ 너, 어떻게 마술을 하는지 알아?

□ 너, 어떻게 체스를 두는지 알아?

□ 너, 어떻게 자전거를 타는지 알아?

□ 너, 어떻게 여권을 갱신하는지 알아?

오늘의 영어 ✻ 빈칸을 채워보세요

너, 어떻게 파스타를 만드는지 알아?

_____ _____ _____ _____ _____ make pasta?

☐ Do you know how to tango(dance)?

☐ Do you know how to sing opera?

☐ Do you know how to make pasta?

☐ Do you know how to drive this car?

☐ Do you know how to read Russian?

☐ Do you know how to kiss?

☐ Do you know how to do magic?

☐ Do you know how to play chess?

☐ Do you know how to ride a bike?

☐ Do you know how to renew your passport?

하루 한 문장 ✲ 점선을 따라 영어 문장을 똑같이 써보세요

너, 어떻게 자전거를 타는지 알아?

Do you know how to ride a bike?

Day 64

Can you tell her(him) to ~?

그녀(그)에게 ~하라고 말해줄 수 있어?

□ 그녀에게 들어오라고 말해줄 수 있어?

□ 그녀에게 나중에 전화하라고 말해줄 수 있어?

□ 그녀에게 짐을 싸라고 말해줄 수 있어?

□ 그녀에게 표를 사라고 말해줄 수 있어?

□ 그녀에게 색깔을 고르라고 말해줄 수 있어?

□ 그에게 거기에 있으라고 말해줄 수 있어?

□ 그에게 저녁을 만들라고 말해줄 수 있어?

□ 그에게 설거지를 하라고 말해줄 수 있어?

□ 그에게 문을 잠그라고 말해줄 수 있어?

□ 그에게 보고서를 끝내라고 말해줄 수 있어?

오늘의 영어 ✻ 빈칸을 채워보세요

그녀에게 표를 사라고 말해줄 수 있어?

____ ____ ____ ____ ____ buy the tickets?

- ☐ Can you tell her to come in?
- ☐ Can you tell her to call me later?
- ☐ Can you tell her to pack the bag?
- ☐ Can you tell her to buy the tickets?
- ☐ Can you tell her to choose the color?
- ☐ Can you tell him to stay there?
- ☐ Can you tell him to make dinner?
- ☐ Can you tell him to do the dishes?
- ☐ Can you tell him to lock the door?
- ☐ Can you tell him to finish the report?

하루 한 문장 ✻ 점선을 따라 영어 문장을 똑같이 써보세요

그에게 문을 잠그라고 말해줄 수 있어?

Can you tell him to lock the door?

Day 65

Will you ~? / Would you ~?

~할래요? / ~해주실래요?

□ 내 보고서 좀 도와줄래요?

□ 회의 후에 다시 전화를 줄래요?

□ 곧 돈을 갚을 거예요?

□ 친구들과 함께 돌아올 거예요?

□ 내일 점심식사를 같이 할래요?

□ 나를 위해서 문을 좀 열어주실래요?

□ 나랑 데이트를 하실래요?

□ 부탁을 하나 들어주실래요?

□ 그것을 나에게 설명을 좀 해주실래요?

□ 나를 좀 태워다주실래요?

오늘의 영어 ✳ 빈칸을 채워보세요

곧 돈을 갚을 거예요?

_____ _____ pay me back soon?

▷ 영상 보기

☐ Will you help me with my report?

☐ Will you call me back after the meeting?

☐ Will you pay me back soon?

☐ Will you come back with your friends?

☐ Will you have lunch with me tomorrow?

☐ Would you open the door for me?

☐ Would you go out with me?

☐ Would you do me a favor?

☐ Would you explain it to me?

☐ Would you give me a ride?

하루 한 문장 ✳ 점선을 따라 영어 문장을 똑같이 써보세요

부탁을 하나 들어주실래요?

Would you do me a favor?

습관 vs. 미래 vs. 가정

A. 반복되는 동작이나 습관 (~한다)

① I run 10km every day. (○)
나는 매일 10km를 뛰어.

② I run 10km tomorrow morning. (×)
나는 내일 아침 10km를 뛴다. (×)

③ I cook dinner every day. (○)
나는 매일 저녁식사를 요리해.

④ I cook dinner tomorrow. (×)
나는 내일 저녁식사를 요리해. (×)

B. 미래의 동작이나 결심 (~할 거야)

⑤ I will run 10km tomorrow morning. (○)
나는 내일 아침 10km를 뛸 거야.

⑥ I will run 10km every day. (○)
나는 매일 10km를 뛸 거야.

⑦ I will run 10km yesterday. (x)
나는 어제 10km를 뛸 거야. (x)

C. 조건을 전제로 한 발언 (~할 텐데)

⑧ I would run 10km tomorrow morning. (○)
나는 내일 아침 10km를 뛸 텐데(조건이 맞으면 뛰겠어).

⑨ I will run 10km tomorrow morning. (○)
나는 내일 아침 10km를 뛸 거야.

D. 정해진 일정 (~할 예정이야)

⑩ I'm(=I am) going to run tomorrow morning. (○)
나는 내일 아침 뛸 예정이야.

⑪ I'm going to run every day. (○)
나는 매일 뛸 예정이야.

⑫ I will(would) run every day. (○)
나는 매일 뛸 거야(뛸 텐데).

Day 66

Are you going to ~?

너, ~할 작정(예정)이야?

- □ 차를 빌릴 작정이야?
- □ 유학을 갈 작정이야?
- □ 저녁을 건너뛸 작정이야?
- □ 톰을 초대할 작정이야?
- □ 아기 기저귀를 바꿀 작정이야?
- □ 쉴 예정이야?
- □ 금연을 할 예정이야?
- □ 거기서 살(떠날) 예정이야?
- □ 내일 일찍 일어날 예정이야?
- □ (제니한테) 결혼 신청을 할 예정이야?

오늘의 영어 ✲ 빈칸을 채워보세요

차를 빌릴 작정이야?

_____ _____ _____ _____ rent a car?

- ☐ Are you going to rent a car?
- ☐ Are you going to study abroad?
- ☐ Are you going to skip (your) dinner?
- ☐ Are you going to invite Tom?
- ☐ Are you going to change the baby('s diaper)?
- ☐ Are you going to take a break?
- ☐ Are you going to stop smoking?
- ☐ Are you going to live(leave) there?
- ☐ Are you going to get up early tomorrow?
- ☐ Are you going to pop the question?
  Are you going to propose to Jenny?

하루 한 문장 ✳ 점선을 따라 영어 문장을 똑같이 써보세요

금연을 할 예정이야?

Are you going to stop smoking?

Day 67

I will 동사(be) ~.

나는 ~할(~이 될) 거야.

□ 난 (어떤 일이 있어도) 최선을 다할 거야.

□ 난 당신을 언제나 사랑하고 보호할 거야.

□ 나는 친구들과 함께 생일을 축하할 거야.

□ 난 너희들하고는 식당에서 합류할게.

□ 가능한 한 빨리 연락 줄게.

□ 성탄절에는 고향 집에 있을 거야.

□ 내가 거기에 너를 위해 정시에 있을 거야.

□ 네가 돌아올 때 난 준비가 되어 있을 거야.

□ 네 형 데리고 (바로) 돌아올게.

□ 난 항상 네 편이 되어줄게.

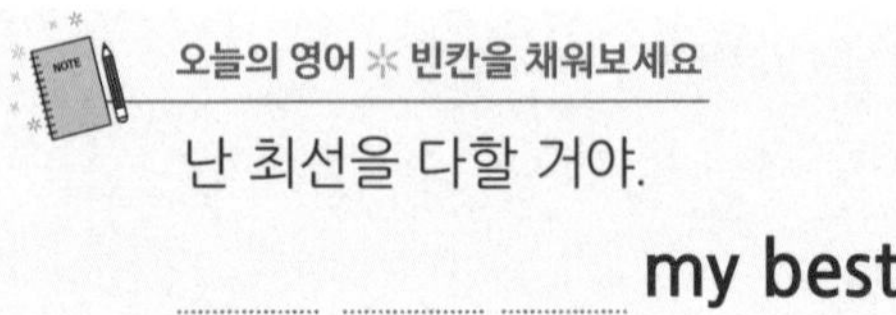

오늘의 영어 ✻ 빈칸을 채워보세요

난 최선을 다할 거야.

.... my best.

▷ 영상 보기

☐ I will do my best (no matter what).

☐ I'll always love and protect you.

☐ I'll celebrate my birthday with my friends.

☐ I'll join you (guys) at the restaurant.

☐ I'll get back to you as soon as possible(=asap).

☐ I'll(=I will) be home for Christmas.

☐ I'll be there for you on time.

☐ I'll be ready when you come back.

☐ I'll be (right) back with your brother.

☐ I'll always be on your side.

하루 한 문장 ✳ 점선을 따라 영어 문장을 똑같이 써보세요

난 항상 네 편이 되어줄게.

I'll always be on your side.

Day 68

I would 동사(be) ~.

나는 ~할(~일) 텐데.

□ 너를 위해 무엇이든 할 텐데.

□ 그에게 바로 전화를 해서 이야기를 할 텐데.

□ 너 없이 그 일을 혼자서 할 텐데.

□ (돈이 있으면) 그 집을 살 텐데.

□ (번호가 있으면) 제니한테 전화를 할 텐데.

□ 나라면 더 조심할 텐데.

□ 나라면 정말 놀랄 텐데.

□ 내가 너의 남자친구일 텐데.

□ 톰을 만나게 된다면 설렐 텐데.

□ 알게 된다면 호기심이 생길 텐데.

오늘의 영어 ✲ 빈칸을 채워보세요

너를 위해 무엇이든 할 텐데.

______ ______ ______ anything for you.

▷ 영상 보기

□ I would do anything for you.

□ I would call and talk to him.

□ I would do it alone without you.

□ I'd buy the house (if I had money).

□ I'd call Jenny (if I had her number).

□ I would be more careful.

□ I would be really surprised.

□ I would be your boyfriend.

□ I'd be excited to meet Tom.

□ I'd be curious to know.

하루 한 문장 ✳ 점선을 따라 영어 문장을 똑같이 써보세요

나라면 정말 놀랄 텐데.

I would be really surprised.

Day 69

I am going to ~.

나, ~을 할 예정이야.

□ 퇴근 후에 너를 태우러 갈 예정이야.

□ 오늘 밤 너를 위해 기도할 작정이야.

□ 여기서 너를 기다릴 예정이야.

□ 내일 그녀한테 결혼 신청할 예정이야.

□ 그것을 너한테 맡길 작정이야.

□ 당신을 곧 대접할 예정이에요.

□ 내가 너를 돌볼 작정이야.

□ 개명을 할 예정이야.

□ 집을(차를) 팔 작정이야.

□ 언젠가 그녀랑 결혼을 할 예정이야.

오늘의 영어 ✻ 빈칸을 채워보세요

여기서 너를 기다릴 예정이야.

_____ _____ _____ wait for you here.

▷ 영상 보기

☐ I'm going to pick you up after work.

☐ I'm going to pray for you tonight.

☐ I'm going to wait for you here.

☐ I'm going to propose to her tomorrow.

☐ I'm going to leave it up to you.

☐ I'm gonna treat you soon.

☐ I'm gonna take care of you.

☐ I'm gonna change my name.

☐ I'm gonna sell my house(car).

☐ I'm gonna marry her someday.

하루 한 문장 ✳ 점선을 따라 영어 문장을 똑같이 써보세요

내가 너를 돌볼 작정이야.

I'm gonna take care of you.

Day 70

I am 동사ing ~.

난 지금 ~하는 중이야.

☐ 지금 TV에서 영화 보는 중이야.

☐ 지금은 비엔나로 운전해서 올라가는 중이야.

☐ 지금 제니의 이력서 작성을 돕는 중이야.

☐ 지금은 페루의 곳곳을 여행하는 중이야.

☐ 지금 아이들을 학교에 데려다주는 중이야.

☐ 오늘 밤 써니랑 저녁을 먹어.

☐ 내일 로스엔젤레스로 떠나.

☐ 다음 주에 파리에 있는 친구를 방문해.

☐ 이번 주말에 상자를 너한테 보내는 거야.

☐ 오늘 오후에 그레타를 만나.

오늘의 영어 ✻ 빈칸을 채워보세요

지금 아이들을 학교에 데려다주는 중이야.

.... my kids to school now.

- [ ] I'm(=I am) watching a movie on TV now.
- [ ] I'm driving up to Vienna right now.
  cf) I'm drive ~. (×)
- [ ] I'm helping Jenny with her résumé now.
- [ ] I'm travel(l)ing around Peru right now.
- [ ] I'm taking my kids to school now.
- [ ] I'm having dinner with Sunny tonight.
- [ ] I'm leaving for Los Angeles tomorrow.
- [ ] I'm visiting my friend in Paris next week.
- [ ] I'm sending the box to you this weekend.
- [ ] I'm meeting Greta this afternoon.

하루 한 문장 ✲ 점선을 따라 영어 문장을 똑같이 써보세요

다음 주에 파리에 있는 친구를 방문해.

I'm visiting my friend in Paris next week.

미래 표현 방법 4가지 포인트

▷ 영상 보기

정해지지 않은 미래 **will**

조건부 미래 **would**

정해진 미래 **be going to**

지금 일어나는 듯 생생한 미래 **be ~ing**

A. 시간 개념 (지난 일 vs. 현재)

① I watch TV yesterday. (×)
나 어제 TV를 본다.

② I watched TV yesterday. (○)
나 어제 TV를 보았어.

③ I watched TV every day. (△)
나는 매일 TV를 보았어.

④ I watched TV every day last year. (○)
나 작년에 TV를 매일 보았어.

B. 시간 개념 (사건이 진행되는 중 vs.)

⑤ Q. What are you doing?
너, 뭐 하고 있어?
A. I am(=I'm) watching TV right now. (○)
지금 TV를 시청하고 있는 중이야.

⑥ I watch TV right now. (×)
나는 지금 TV를 (매일) 시청한다. (×)

⑦ I will watch TV right now. (×)
나는 지금 TV를 시청할 거야. (상황에 따라 가능)

C. 미래 표현 방법 4가지

⑧ I will leave tomorrow. (○) ~할 거야
나, 내일 떠날 거야.

⑨ I would leave tomorrow. (○) ~할 텐데
나, 내일 떠날 텐데.

⑩ I'm going to leave tomorrow. (○) ~할 예정이야
나, 내일 떠날 예정이야.

⑪ I'm leaving tomorrow. (○) ~해
나, 내일 떠나.

Day 71

You(We) should ~.

너(우리) ~해야 할 듯해.

□ 내 생각에 네가 미리 계획을 세워야 할 듯해.

□ 내 생각에 네가 독서클럽에 들어가야 할 듯해.

□ 내 생각에 네가 여기에 주차해야 할 듯해.

□ 내 생각에 네가 온라인으로 주문해야 할 듯해.

□ 내 생각에 네가 그 돈을 내야 할 듯해.

□ 내 생각에 우리가 이제 발길을 돌려야 해.

□ 내 생각에 우리가 수업에 등록해야 해.

□ 내 생각에 우리가 먼저 그한테 전화해야 해.

□ 내 생각에 우리가 거기에 일찍 가야 해.

□ 내 생각에 우리가 그냥 맞장구를 쳐야 해.

오늘의 영어 ✳ 빈칸을 채워보세요

내 생각에 네가 그 돈을 내야 할 듯해.

I think ________ ________ pay for it.

□ I think you should plan ahead.

□ I think you should join the book club.

□ I think you should park here.

□ I think you should order it on line.

□ I think you should pay for it.

□ I think we should turn back now.

□ I think we should sign up for the class.

□ I think we should call him first.

□ I think we should get there early.

□ I think we should play along.

하루 한 문장 ✳ 점선을 따라 영어 문장을 똑같이 써보세요

내 생각에 우리가 먼저 그한테 전화해야 해.

I think we should call him first.

Day 72

Should I(we) ~?

내(우리)가 ~해야 할까?

☐ 내가 머리를 길러야 할까?

☐ 내가 너와 함께 따라가야 할까?

☐ 내가 이것을 팔까 아니면 가지고 있어야 할까?

☐ 내가 오늘 병가를 내야 할까?

☐ 새치를 염색해야 할까 아니면 그냥 둘까?

☐ (우리) 독감 예방 주사를 맞아야 할까?

☐ (이번 달에) 급여 올려달라고 해야 할까?

☐ 차를 리스할까 아니면 사야 할까?

☐ 식사를 운동 전에 아니면 후에 해야 할까?

☐ 여기 있을까 아니면 가야 할까?

오늘의 영어 ✳ 빈칸을 채워보세요

내가 머리를 길러야 할까?

______ ______ grow my hair long?

☐ Should I grow my hair long?

☐ Should I go along with you?

☐ Should I sell it or keep it?

☐ Should I call in sick today?

☐ Should I color(dye) my gray hair or leave it?

☐ Should we get a flu shot?

☐ Should we ask for a pay raise (this month)?

☐ Should we lease or buy a car here?

☐ Should we eat before or after a workout?

☐ Should we stay here or should we go?

하루 한 문장 ✻ 점선을 따라 영어 문장을 똑같이 써보세요

여기 있을까 아니면 가야 할까?

Should we stay here or should we go?

Day 73

You(We) shouldn't ~.

너(우리), ~하면 안 돼.

- ☐ (너는) 걔네들하고 어울리면 안 돼.
- ☐ 커피를 너무 많이 마시면 안 돼.
- ☐ 운전하는(걷는) 동안 문자하면 안 돼.
- ☐ 김칫국부터 마시면 안 돼.
- ☐ 엎질러진 물을 보고 후회하면 안 돼.
- ☐ (우리는) 불량식품을 너무 많이 먹으면 안 돼.
- ☐ 비닐봉투를(원자력을) 쓰면 안 돼.
- ☐ 그 이야기를 더 이상 하면 안 돼.
- ☐ 동물 실험을 하면 안 돼.
- ☐ 겉만 보고 판단하면 안 돼.

오늘의 영어 ✻ 빈칸을 채워보세요

커피를 너무 많이 마시면 안 돼.

.... drink too much coffee.

- ☐ You should not (shouldn't) hang out with them.
- ☐ You shouldn't drink too much coffee.
- ☐ You shouldn't text while driving(walking).
- ☐ You shouldn't count your chickens.
- ☐ You shouldn't cry over spilt(spilled) milk.
- ☐ We shouldn't eat too much junk food.
- ☐ We shouldn't use plastic bags(nuclear power).
- ☐ We shouldn't talk about it anymore.
- ☐ We shouldn't do animal testing.
- ☐ We shouldn't judge a book by its cover.
  cf) its(그것의) vs. it's(그것은 ~이다)

하루 한 문장 ✻ 점선을 따라 영어 문장을 똑같이 써보세요

그 이야기를 더 이상 하면 안 돼.

We shouldn't talk about it anymore.

Day 74

What should I ~?

제가 무엇을 ~해야 하죠?

□ 제가 (가진 돈/인생으로) 무엇을 해야 하죠?

□ 제가 이제 무엇을 말해야 하죠?

□ 제가 당신을 뭐라고 불러야 하죠?

□ 제가 개 이름을 뭐라고 지어야 하죠?

□ 제가 결혼식에 무엇을 입고 가야 하죠?

□ 제가 페루에서 무엇을 사야 하죠?

□ 제가 감기에 무엇을 먹어야 하죠?

□ 제가 당신에 대해 무엇을 알아야 하죠?

□ 제가 생일에 무엇을 달라고 해야 하죠?

□ 제가 이력서에 무엇을 넣어야 하죠?

오늘의 영어 ✳ 빈칸을 채워보세요

제가 결혼식에 무엇을 입고 가야 하죠?

.... **wear to a wedding?**

☐ What should I do (with my money/life)?

☐ What should I say now?

☐ What should I call you?

☐ What should I name my dog?

☐ What should I wear to a wedding?

☐ What should I buy in Peru?

☐ What should I take for a cold?

☐ What should I know about you?

☐ What should I get for my birthday?

☐ What should I put on my résumé?

하루 한 문장 ✳ 점선을 따라 영어 문장을 똑같이 써보세요

제가 당신에 대해 무엇을 알아야 하죠?

What should I know about you?

Day 75

Why should I ~?

내가 왜 ~을 해야 하죠?

□ 내가 왜 당신을 도와야 하죠?

□ 내가 왜 재활용을 해야 하죠?

□ 내가 왜 커피를 끊어야 하죠?

□ 내가 왜 책을 읽어야 하죠?

□ 내가 왜 전화기를 바꿔야 하죠?

□ 내가 왜 대학에 가야 하죠?

□ 내가 왜 매일 운동을 해야 하죠?

□ 내가 왜 당신한테 번호를 줘야 하죠?

□ 내가 왜 비타민 D를 먹어야 하죠?

□ 내가 왜 당신에게 사과를 해야 하죠?

오늘의 영어 * 빈칸을 채워보세요

내가 왜 책을 읽어야 하죠?

______ ______ ______ read books?

☐ Why should I help you?

☐ Why should I recycle?

☐ Why should I quit coffee?

☐ Why should I read books?

☐ Why should I change my phone?

☐ Why should I go to college?

☐ Why should I exercise every day?

☐ Why should I give you my number?

☐ Why should I take vitamin D?

☐ Why should I apologize to you?

하루 한 문장 ✳ 점선을 따라 영어 문장을 똑같이 써보세요

내가 왜 대학에 가야 하죠?

Why should I go to college?

의무 표현 조동사 총정리!

Review Time #1

should ~해. (가벼운 권유)

have to ~해야만 해. (상황의 불가피함)

must 반드시 ~해야 해. (예외 없이)

have got to 구어체

A. 해야 한다는 표현의 어감 차이 #1

① You should park here. (50%)
여기 주차하면 좋을 듯.

② You have to park here. (90%)
여기 주차해야만 해.

③ You must park here. (99%)
반드시 여기 주차해야만 해.

B. 해야 한다는 표현의 어감 차이 #2

④ You have got to park here. 구어체(have to)
여기 주차해야 해.

⑤ You've gotta park here. 발음 ⇒ 철자 변경
cf) Gotta go now. 지금 가야 해.

Review Time #2

ought to ~하도록 되어 있어. (규정/규칙에 근거)
had better ~하는 편이 좋겠어. (강력한 권고)
be supposed to ~으로 여겨진다. (기대치)
be expected to ~할 것으로 예상된다. (예상)

C. 해야 한다는 표현의 어감 차이 #3

⑥ You ought to park here. 규정/규칙에 근거
여기 주차해야 하는 걸로 되어 있던데.

⑦ You'd(=You had) better park here.
여기 주차하는 편이 좋겠어.
cf) have better가 아닌 이유는? 강력한 권고/힐난

D. 해야 한다는 표현의 어감 차이 #4

⑧ You're supposed to park here.
여기 주차하도록 되어 있어.

⑨ You're supposed to wash your hands. (구어체)
손을 씻도록 되어 있어.

⑩ You're expected to wash your hands.
손을 씻는 것이 통념이야.

▷ 영상 보기

Day 76

When should I ~?

제가 언제 ~해야 하죠?

☐ 제가 언제 시작해야 하죠?

☐ 제가 언제 돌아와야 하죠?

☐ 제가 언제 단추를 눌러야 하죠?

☐ 제가 언제 손을 씻어야 하죠?

☐ 제가 언제 당신을 깨워야 하죠?

☐ 제가 언제 집을 사야 하죠?

☐ 제가 언제 주식을 팔아야 하죠?

☐ 제가 언제 고양이 밥을 줘야 하죠?

☐ 제가 언제 작별을 해야 하죠?

☐ 제가 언제 이 약을 먹어야 하죠?

오늘의 영어 ✳ 빈칸을 채워보세요

제가 언제 돌아와야 하죠?

_______ _______ _______ come back?

▷ 영상 보기

☐ When should I begin(start)?

☐ When should I come back?

☐ When should I push the button?

☐ When should I wash my hands?

☐ When should I wake you up?

☐ When should I buy a house?

☐ When should I sell my stock?

☐ When should I feed my cats?

☐ When should I say goodbye?

☐ When should I take this medicine?

하루 한 문장 ✳ 점선을 따라 영어 문장을 똑같이 써보세요

제가 언제 집을 사야 하죠?

When should I buy a house?

Day 01~20
Day 21~40
Day 41~60
Day 61~80
Day 81~100

Day 77

Who should I ~?

내가 누구를 ~해야 하죠?

□ 내가 누구를 따라가야 하죠?

□ 내가 누구를 골라야(고용해야) 하죠?

□ 내가 누구에게 먼저 전화를 해야 하죠?

□ 내가 누구에게 마지막으로 지불해야 하죠?

□ 내가 누구를 먼저 구해야 하죠?

□ 내가 누구와 함께 가야 하죠?

□ 내가 누구와 함께 춤을 춰야 하죠?

□ 내가 누구와 함께 이야기를 해야 하죠?

□ 내가 누구와 함께 공부를 해야 하죠?

□ 내가 누구와 함께 일을 해야 하죠?

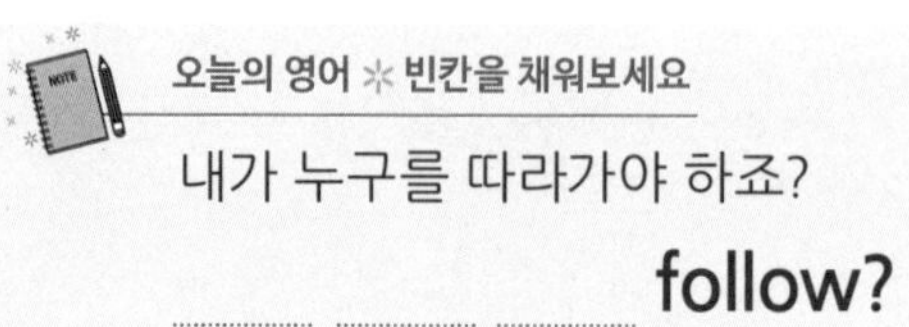

☐ Who should I follow?

☐ Who should I choose(hire)?

☐ Who should I call first?

☐ Who should I pay last?

☐ Who should I save first?

☐ Who should I go with?

☐ Who should I dance with?

☐ Who should I talk with(to)?

☐ Who should I study with?

☐ Who should I work with?

하루 한 문장 ✳ 점선을 따라 영어 문장을 똑같이 써보세요

내가 누구와 함께 춤을 춰야 하죠?

Who should I dance with?

Day
78

You(We) have to ~.

너(우리)는 ~해야만 해.

- □ 너는 내 말을 들어야만 해.
- □ 너는 진실을 직시해야만 해.
- □ 너는 그것들 중에 하나를 골라야만 해.
- □ 너는 스스로를 믿어야만 해.
- □ 인생에서 성공하려면 실패해야만 해.
- □ 우리는 이제 실행을 해야만 해.
- □ 우리는 항상 변화를 해야만 해.
- □ 우리는 마음에 안 들어도 잘 지내야만 해.
- □ 우리는 서로를 도와야만 해.
- □ 우리는 우리의 권리를 위해 싸워야만 해.

오늘의 영어 ✳ 빈칸을 채워보세요

너는 내 말을 들어야만 해.

_____ _____ _____ listen to me.

- ☐ You have to listen to me.
- ☐ You have to face the truth.
- ☐ You have to choose one of them.
- ☐ You have to believe in yourself.
- ☐ You have to fail to succeed in life.
- ☐ We have to act now.
- ☐ We have to change all the time.
- ☐ We have to live with it(the coronavirus).
- ☐ We have to help each other.
- ☐ We have to fight for our rights.

하루 한 문장 ✳ 점선을 따라 영어 문장을 똑같이 써보세요

우리는 서로를 도와야만 해.

We have to help each other.

Day 79

You(We) don't have to ~.

너(우리)는 ~을 할 필요가 없어.

☐ 미안하다고 말할 필요 없어.

☐ 나에게 두 번 물어볼 필요 없어. (무조건 승낙)

☐ 혼자서 울 필요는 없어.

☐ 나를 위해 그것을 할 필요는 없어.

☐ 스스로 해명할 필요는 없어.

☐ 우리, 서두를 필요는 없어.

☐ 우리, 일찍 떠날 필요는 없어.

☐ 우리, 일정을 바꿀 필요는 없어.

☐ 우리, 더 이상 싸울 필요는 없어.

☐ 우리가 모든 사람을 만족시킬 필요는 없어.

오늘의 영어 ✻ 빈칸을 채워보세요

혼자서 울 필요는 없어.

.... cry alone.

- ☐ You don't have to say sorry.
- ☐ You don't have to ask me twice.
- ☐ You don't have to cry alone.
- ☐ You don't have to do that for me.
- ☐ You don't have to explain yourself.
- ☐ We don't have to hurry.
- ☐ We don't have to leave early.
- ☐ We don't have to change the schedule.
- ☐ We don't have to fight anymore.
- ☐ We don't have to please everyone.

하루 한 문장 ✳ 점선을 따라 영어 문장을 똑같이 써보세요

우리, 더 이상 싸울 필요는 없어.

We don't have to fight anymore.

Day 80

Do I(we) have to ~?

내(우리)가 꼭 ~해야만 해요?

□ 여기 꼭 다시 와야만 해요?

□ 하루에 꼭 일곱 시간씩 자야만 해요?

□ 하루에 세 끼를 꼭 먹어야 해요?

□ 봅이랑 꼭 일을 해야만 해요?

□ 내 고양이를 꼭 중성화해야만 해요?

□ 우리가 꼭 지금 주문해야만 해요?

□ 우리가 꼭 지금 떠나야만 해요?

□ 우리가 꼭 이런 식으로 끝내야만 해요?

□ 우리가 꼭 예약을 해야만 해요?
cf) 누가 일부러 사고를 야기했죠?

□ 요리 전에 콩을 꼭 담가둬야만 해요?

오늘의 영어 ✻ 빈칸을 채워보세요

여기 꼭 다시 와야만 해요?

____ ____ ____ ____ come back here again?

☐ Do I have to come back here again?

☐ Do I have to sleep 7 hours a day?

☐ Do I have to eat(have) 3 meals a day?

☐ Do I have to work with Bob?

☐ Do I have to neuter my cats?

☐ Do we have to order now?

☐ Do we have to leave now?

☐ Do we have to end this way?

☐ Do we have to make a reservation?
cf) Who caused the accident on purpose?

☐ Do we have to soak beans before cooking?

하루 한 문장 ✳ 점선을 따라 영어 문장을 똑같이 써보세요

우리가 꼭 지금 떠나야만 해요?

Do we have to leave now?

Is it~? vs. Does it~?

A. It is~와 It does~의 차이는?

Q1. 그것은 쉬워.

① It **is** easy. (○)

② It **does** easy. (×)
그것은 쉬운 하다. (×)

Q2. 여기는 운전해서 돌아다니기가 쉬워.

③ It is so easy **to drive** around here. (○)

④ It **does** so easy **to drive** around here. (×)
여기서 운전해서 돌아다니기가 쉬운 하다. (×)

cf) It's So Easy (To Fall In Love) by Buddy Holly
팝송: 버디 할리의 〈(사랑에 빠지기) 정말 쉬워요〉

B. Is it과 Does it의 구분!

Q3. 그거 어려워?

⑤ **Is it** difficult? (○)

⑥ **Does it** difficult? (×)

그거 어려운 해? (×)

cf) Does it work? 그거 작동해? (○)

Q4. 불어를 배우는 것이 어려워?

⑦ **Is it difficult** to learn French? (○)

⑧ **Does it difficult** to learn French? (×)

불어를 배우는 것이 어려운 해? (×)

▷ 영상 보기

Day 81

Is it easy/ difficult to~?

~하기가 쉬워요/어려워요?

□ 스페인어 배우기가 쉬워요?

□ (자기) 집을 짓기가 쉬워요?

□ 이탈리아 음식은 요리하기가 쉬워요?

□ 그것을 온라인으로 사기가 쉬워요?

□ (집에서) 채소 키우기가 쉬워요?

□ 금연을 하기가 어려워요?

□ 비자를 받기가 어려워요?

□ 샘이랑 일하기가 어려워요?

□ 런던에서 운전하기가 어려워요?

□ 아프리카에서 여행하기가 어려워요?

오늘의 영어 ✻ 빈칸을 채워보세요

그것을 온라인으로 사기가 쉬워요?

.... buy it online?

☐ Is it easy to learn Spanish?

☐ Is it easy to build a house (my own house)?

☐ Is it easy to cook Italian food?

☐ Is it easy to buy it online?

☐ Is it easy to grow vegetables (at home)?

☐ Is it difficult to stop smoking?

☐ Is it difficult to get a visa?

☐ Is it difficult to work with Sam?

☐ Is it difficult to drive in London?

☐ Is it difficult to travel in Africa?

하루 한 문장 ✲ 점선을 따라 영어 문장을 똑같이 써보세요

비자를 받기가 어려워요?

Is it difficult to get a visa?

Day 82

It's so easy/hard/nice/important/necessary to ~.

~하는 것은 진짜 쉬워/힘들어/좋아/중요해/필요해.

□ 내 집을 찾는 것 진짜 쉬워.

□ 다른 사람을 예단하는 것 진짜 쉬워.

□ 몸무게 줄이는 것 진짜 어려워.

□ 요즘에 직장 구하는 것 진짜 어려워.

□ 너한테 소식을 들으니까 정말 좋네.

□ 너를 다시 보니까 정말 좋네.

□ 규칙을 아는 것이 중요해.

□ 좋은 음식을 먹는 것이 중요해.

□ 먼저 표를 예약을 할 필요가 있어.

□ 문을 잠글 필요가 있어.

오늘의 영어 ✲ 빈칸을 채워보세요

몸무게 줄이는 것 진짜 어려워.

_____ _____ _____ _____ lose weight.

- [ ] It's so easy to find my place.
- [ ] It's so easy to judge others.
- [ ] It's so hard to lose weight.
- [ ] It's so hard to find a job these days.
- [ ] It's so nice to hear from you.
- [ ] It's so nice to see you again.
- [ ] It's important to know the rules.
- [ ] It's important to eat good food.
- [ ] It's necessary to book the ticket first.
- [ ] It's necessary to lock the door.

하루 한 문장 ✳ 점선을 따라 영어 문장을 똑같이 써보세요

규칙을 아는 것이 중요해.

It's important to know the rules.

Day 83

It's not hard/easy/right/wise/safe/strange/polite/possible to ~.

~하는 것이 어렵지/쉽지/옳지/현명하지/안전하지/이상하지/예의 바르지/가능하지 않아.

□ 그 질문에 답하는 것은 어렵지 않아.

□ 습관을 바꾸는 것은 쉽지 않아.

□ 힘을 남용하는 것은 옳지 않아.

□ 진실을 은폐하는 것은 현명하지 않아.

□ 지금 해외여행 하는 것은 안전하지 않아.

□ 인생에서 실수를 하는 것은 이상하지 않아.

□ 여성에게 나이를 묻는 것은 공손하지 않아.

□ 입을 벌리고 음식을 먹는 것은 예의 바르지 않아.

□ 거기에 7시까지 가는 것은 가능하지 않아.

□ 그것을 내일까지 끝내는 것은 가능하지 않아.

오늘의 영어 ✻ 빈칸을 채워보세요

습관을 바꾸는 것은 쉽지 않아.

_____ _____ _____ _____ change your habit.

▷ 영상 보기

☐ It's not hard to answer that question.

☐ It's not easy to change your habit.

☐ It's not right to abuse your power.

☐ It's not wise to cover up(hide) the truth.

☐ It's not safe to travel abroad now.

☐ It's not strange to make mistakes in life.

☐ It's not polite to ask a woman her age.

☐ It's not polite to chew with your mouth open.

☐ It's not possible to get there by 7 p.m.

☐ It's not possible to finish it by tomorrow.

하루 한 문장 ✳ 점선을 따라 영어 문장을 똑같이 써보세요

인생에서 실수를 하는 것은 이상하지 않아.

It's not strange to make mistakes in life.

Day
84

It's nice/sad/wonderful/strange/possible that ~.

~하다니 좋아/슬퍼/멋져/이상해/가능해.

□ 나를 위해 네가 와줘서 정말 좋아.

□ 켄이 너를 도와주고 있다니 정말 좋네.

□ 네가 지금 가야만 한다니 섭섭하네.

□ 네가 톰이랑 헤어졌다니 안되었네.

□ 우리가 함께 일한다니 멋져.

□ 내가 너랑 여기 함께 있다니 멋져.

□ 그가 그런 말을 했다니 이상한데.

□ 오늘은 그가 여기 없다니 이상한데.

□ 그 상자를 도난당했을(잃어버렸을) 가능성이 있어.

□ 그녀가 아직 거기에 있을 가능성이 있어.

오늘의 영어 ✲ 빈칸을 채워보세요

나를 위해 네가 와줘서 정말 좋아.

_____ really _____ _____ you're here for me.

☐ It's really nice that you're here for me.

☐ It's really nice that Ken is helping you.

☐ It's so sad that you have to leave now.

☐ It's so sad that you broke up with Tom.

☐ It's wonderful that we're working together.

☐ It's wonderful that I'm here with you.

☐ It's strange that he said that.

☐ It's strange that he's not here today.

☐ It's possible that the box got stolen(lost).

☐ It's possible that she's still there.

하루 한 문장 ✲ 점선을 따라 영어 문장을 똑같이 써보세요

그녀가 아직 거기에 있을 가능성이 있어.

It's possible that she's still there.

Day 85

Does it matter/hurt ~?

~하는 것이 문제가 돼/아파?

□ 내가 무슨 생각을 하는지 문제가 돼?

□ 내가 무엇을 먹는지 문제가 돼?

□ 내가 무엇을 아는지 문제가 돼?

□ 내가 무엇을 하는지 문제가 돼?

□ 내가 무엇을 원하는지 문제가 돼?

□ 목을 움직일 때 아픈가요?

□ 독감주사 맞을 때 아픈가요?

□ 출산을 할 때 아픈가요?

□ 다리 찢기를 할 때 아픈가요?

□ 문신을 받을 때 아픈가요?

오늘의 영어 ✻ 빈칸을 채워보세요

내가 무엇을 하는지 문제가 돼?

______ ______ ______ what I do?

▷ 영상 보기

Day 01~20
Day 21~40
Day 41~60
Day 61~80
Day 81~100

☐ Does it matter what I think?

☐ Does it matter what I eat?

☐ Does it matter what I know?

☐ Does it matter what I do?

☐ Does it matter what I want?

☐ Does it hurt when you move your neck?

☐ Does it hurt when you get a flu shot?

☐ Does it hurt when you give birth?

☐ Does it hurt when you do the splits?

☐ Does it hurt when you get a tattoo?

하루 한 문장 ✳ 점선을 따라 영어 문장을 똑같이 써보세요

독감주사 맞을 때 아픈가요?

Does it hurt when you get a flu shot?

Is it~? vs. Is there~?

A. Does it~? 용법

Q1. 그거 아파?

① **Does** it **hurt**? (○)

② Is it hurt? (×)

그거 아파 이야? (×)

Q2. 독감주사 맞는 것이 아파?

③ **Does it hurt** to get a flu shot? (○)

④ Is it hurt to get a flu shot? (×)

독감주사 맞는 것이 아파 이야? (×)

cf) **Is it painful** to get a flu shot? (○)

독감주사 맞는 것이 고통스러워? (○)

B. Is it~? vs. Is there~?

Q3. 이 근처에 은행이 있어요?

⑤ **Is it** a bank around here? (×)

이 근처에 그것이 은행이야? (×)

⑥ **Is there** a bank(store) around here? (○)

이 근처에 은행이(가게가) 있어?

⑦ **Is there** a (Korean) restaurant around here? (○)

이 근처에 (한국) 식당이 있어?

cf) **Are** there gift shops around here? (○)

이 근처에 선물가게들이 있어요?

Q4. 그들이 뭐라 생각하는지 문제 되지 않아.

⑧ **It doesn't matter** what they think. (○)

⑨ **It isn't** matter what they think. (×)

그들이 뭐라 생각하는지 문제가 되다 아니야. (×)

▷ 영상 보기

Day
86

It doesn't matter ~.

~하는지 문제가 되지 않아.

□ 그들이 뭐라 하는지 문제 되지 않아.

□ 그들이 뭐라 생각하는지 문제 되지 않아.

□ 네가 어떻게 보이는지 문제 되지 않아.

□ 네가 어떻게 그것을 할지는 문제 되지 않아.

□ 네가 언제 그 말을 할지는 문제 되지 않아.

□ 네가 어디에서 시작할지는 중요하지 않아.

□ 네가 어디에서 묵는지는 중요하지 않아.

□ 네가 그것을 왜 원하는지는 중요하지 않아.

□ 누가 거기에 있는지는 중요하지 않아.

□ 누가 틀렸는지 혹은 맞았는지는 중요하지 않아.

오늘의 영어 ✳ 빈칸을 채워보세요

그들이 뭐라 생각하는지 문제 되지 않아.

______ ______ ______ what they think.

▷ 영상 보기

☐ It doesn't matter what they say.

☐ It doesn't matter what they think.

☐ It doesn't matter how you look.

☐ It doesn't matter how you do it.

☐ It doesn't matter when you say it.

☐ It doesn't matter where you start.

☐ It doesn't matter where you stay.

☐ It doesn't matter why you want it.

☐ It doesn't matter who's there.

☐ It doesn't matter who's wrong or right.

하루 한 문장 ✳ 점선을 따라 영어 문장을 똑같이 써보세요

네가 어디에서 시작할지는 중요하지 않아.

It doesn't matter where you start.

Day
87

Is there ~? vs. Are there ~?

~이 있나요?

□ 여기, 의사가 있나요?

□ 너의 전화기에 문제가 있어?

□ 코로나바이러스 치료제가 있어?

□ 여기 가까운 곳에 화장실이 있어요?

□ 이 근처에 프랑스 식당이 있어요?

□ 어떤 질문이라도 혹시 있나요?

□ 이에 대해 하실 말씀이 혹시 있나요?

□ 다른 책을 쓸 계획이 혹시 있나요?

□ 저한테 남겨진 메모가 혹시 있나요?

□ 지금 토론토행 비행기가 혹시 있나요?

오늘의 영어 ✳ 빈칸을 채워보세요

여기 가까운 곳에 화장실이 있어요?

.... a restroom near here?

☐ Is there a doctor here?

☐ Is there a problem with your phone?

☐ Is there a cure for the coronavirus?

☐ Is there a restroom near here?

☐ Is there a French restaurant around here?

☐ Are there any questions?

☐ Are there any comments on that?

☐ Are there any plans for another book?

☐ Are there any messages for me?

☐ Are there any flights to Toronto now?

하루 한 문장 ✻ 점선을 따라 영어 문장을 똑같이 써보세요

이에 대해 하실 말씀이 혹시 있나요?

Are there any comments on that?

Day 88

Is there anyone who ~?

~하는 분이 있나요?

□ 재즈(트로트)를 좋아하는 사람이 혹시 있어요?

□ 존을 아는 사람이 혹시 있어요?

□ 지금 거기에 사는 사람이 혹시 있어요?

□ 매일 조깅하는 사람이 혹시 있나요?

□ 매일 글을 쓰는 사람이 혹시 있나요?

□ (그처럼) 운전할 수 있는 사람 있어요?

□ 나를 도와줄 수 있는 사람 있어요?

□ 나를 가르쳐줄 수 있는(가르쳤던) 사람 있어요?

□ 이거 고칠 수 있는 사람 있어요?

□ 스페인어 말할 수 있는 사람 있어요?

오늘의 영어 ✻ 빈칸을 채워보세요

지금 거기에 사는 사람이 혹시 있어요?

_____ _____ _____ _____ lives there now?

- ☐ Is there anyone who loves jazz(trot)?
- ☐ Is there anyone who knows John?
- ☐ Is there anyone who lives there now?
- ☐ Is there anyone who runs every day?
- ☐ Is there anyone who writes every day?
- ☐ Is there anyone who can drive (like him)?
- ☐ Is there anyone who can(will) help me?
- ☐ Is there anyone who can teach(taught) me?
- ☐ Is there anyone who can fix this?
- ☐ Is there anyone who can speak Spanish?

하루 한 문장 ✲ 점선을 따라 영어 문장을 똑같이 써보세요

이거 고칠 수 있는 사람 있어요?

Is there anyone who can fix this?

Day 89

Why is(are) there ~?

왜 ~이 있는 거죠?

□ 왜 제 휴대폰에 문제가 있죠?

□ 왜 오늘은(여기는) 교통체증이 심한 거죠?

□ 왜 여기에는 화장실 휴지가 없죠?

□ 왜 우주에는 소리가 없는 거죠?

□ 왜 여기는 바람이 적은(많은) 거죠?

□ 왜 윤년이 있는 거죠?

□ 왜 다른 인종이 있는 거죠?

□ 왜 하늘에 구름이 있는 거죠?

□ 왜 도너츠에 구멍이 있는 거죠?

□ 왜 많은 혈액형이 있는 거죠?

오늘의 영어 ✻ 빈칸을 채워보세요

왜 여기에는 화장실 휴지가 없죠?

_______ _______ _______ no toilet paper here?

☐ Why is there a problem with my phone?

☐ Why is there so much traffic today(here)?

☐ Why is there no toilet paper here?

☐ Why is there no sound in space?

☐ Why is there less(more) wind here?

☐ Why are there leap years?

☐ Why are there different races?

☐ Why are there clouds in the sky?

☐ Why are there holes in doughnuts?

☐ Why are there many blood types?

하루 한 문장 ✻ 점선을 따라 영어 문장을 똑같이 써보세요

왜 하늘에 구름이 있는 거죠?

Why are there clouds in the sky?

Day 90

How long does it take to ~?

~하는 데 얼마나 걸려요?

□ 거기(공항까지) 가는 데 얼마나 걸려요?

□ 불어를 배우는 데 얼마나 걸려요?

□ 집을 짓는 데 얼마나 걸려요?

□ 네 전화기를 충전하는 데 얼마나 걸려?

□ 습관을 형성하는 데 얼마나 걸리지?

□ 지금 투표하는 데 얼마나 걸려요?

□ 강아지를(학생을) 훈련하는 데 얼마나 걸려요?

□ 10km 달리는 데 얼마나 걸려요?

□ 결혼식을 계획하는 데 얼마나 걸려요?

□ 입국 절차를 밟는 데 얼마나 걸려요?

오늘의 영어 ✻ 빈칸을 채워보세요

집을 짓는 데 얼마나 걸려요?

________ ________ ________ ________ ________ ________ build a house?

☐ How long does it take to get there(to the airport)?

☐ How long does it take to learn French?

☐ How long does it take to build a house?

☐ How long does it take to charge your phone?

☐ How long does it take to form a habit?

☐ How long does it take to vote now?

☐ How long does it take to train a puppy(student)?

☐ How long does it take to run 10km(s)?

☐ How long does it take to plan a wedding?

☐ How long does it take to go through immigration?

하루 한 문장 ✳ 점선을 따라 영어 문장을 똑같이 써보세요

습관을 형성하는 데 얼마나 걸리지?

How long does it take to form a habit?

How long~? vs. How far~? How much~? vs. How many~?

A. How long~? vs. How far~?

Q1. 체류 기간이 얼마나 되죠?

① **How long** will you stay? (○)

② **How far** will you stay? (×)

얼마나 멀리 머물 거죠? (×)

long(시간의 길이) vs. far(공간적 거리)

Q2. 여기서 호텔까지는 얼마나 먼데?

③ **How far** is the hotel from here? (○)

④ **How long** is the hotel from here? (×)

여기에서 호텔이 얼마나 길죠? (×)

cf) **How long** is the flight?

비행 시간이 얼마나 되죠? (○)

B. How much~? vs. How many~?

Q3. (하루에) 커피를 얼마나 마셔?

⑤ **How much coffee** do you drink (a day)? (○)

⑥ **How many coffee** do you drink? (×)

커피를 몇 개나 마셔? (×)

much(양) vs. many(횟수)

Q4. 일주일에 몇 번이나 뛰어?

⑦ **How many times** do you run a week? (○)

Q5. 그것을 끝내는 데 시간이 얼마나 필요한데?

⑧ **How much time** do you need (to finish it)? (○)

cf) **How often** do you run a week?

일주일에 얼마나 자주 뛰어?

How often(얼마나 자주) = How many times(몇 번이나)

▷ 영상 보기

Day 91

How long will you ~?

얼마나 오랫동안 ~할 거죠?

☐ 얼마나 오랫동안 여기 머물 거죠?

☐ 얼마나 오랫동안 거기 살 거죠?

☐ 얼마나 오랫동안 세계를 여행할 거야?

☐ 얼마나 오랫동안 집을(차를) 빌릴 거야?

☐ 얼마나 오랫동안 앉아서(서서) 지켜볼 거야?

☐ 얼마나 오랫동안 여기 있을 거야?

☐ 얼마나 오랫동안 없을 건데?

☐ 얼마나 오랫동안 런던(거기)에 있을 건데?

☐ 얼마나 오랫동안 내게 화를 낼 건데?

☐ 이번에는 얼마나 오랫동안 조용할 거야?

오늘의 영어 ✳ 빈칸을 채워보세요

얼마나 오랫동안 여기 있을 거야?

________ ________ ________ ________ be here?

□ How long will you stay here?

□ How long will you live there?

□ How long will you travel the world?

□ How long will you rent the house(car)?

□ How long will you sit(stand) and watch?

□ How long will you be here?

□ How long will you be away(gone)?

□ How long will you be in London(there)?

□ How long will you be mad at me?

□ How long will you be quiet this time?

하루 한 문장 ✲ 점선을 따라 영어 문장을 똑같이 써보세요

얼마나 오랫동안 거기 살 거죠?

How long will you live there?

Day 92

How far is/do/did/can ~?

얼마나 멀리 ~이죠/해요/했어요/할 수 있죠?

□ 여기에서 숙박 중인 호텔까지 얼마나 멀어요?

□ 집에서 학교까지 얼마나 멀어요?

□ 비엔나에서 부다페스트까지 얼마나 멀어요?

□ 직장까지 얼마나 이동을 하죠?

□ 런던에서 얼마나 떨어진 곳에 살죠?

□ 어제는 어디까지 자전거를 탔어?

□ 그 생각을(지도에서) 어디까지 펼쳐(가)보았어?

□ 한 시간에 어디까지 걸을 수 있죠?

□ 맑은 날 어디까지 볼 수 있죠?

□ 톰을 어디까지 신뢰할 수 있어?

오늘의 영어 ✻ 빈칸을 채워보세요

한 시간에 어디까지 걸을 수 있죠?

______ ______ ______ you walk in an hour?

▷ 영상 보기

☐ How far is your hotel from here?

☐ How far is your school from your house?

☐ How far is Budapest from Vienna?

☐ How far do you travel to work?

☐ How far do you live from London?

☐ How far did you bike yesterday?

☐ How far did you go with that idea(on the map)?

☐ How far can you walk in an hour?

☐ How far can you see on a clear day?

☐ How far can you trust Tom?

하루 한 문장 ✻ 점선을 따라 영어 문장을 똑같이 써보세요

집에서 학교까지 얼마나 멀어요?

How far is your school from your house?

Day 93

How much is/ do you(we) ~?

얼마나 많이 ~이죠 / 당신이(우리가) 얼마나 ~해요?

□ 이 목도리가 얼마죠?

□ 1달러가 1유로로 환산하면 얼마죠?

□ 샘을 얼마나 많이 알아요?

□ 그녀를 얼마나 사랑해?

□ 그거 얼마나 지불을 했어?

□ 하루에 물을 얼마나 마셔?

□ 하루에 커피를 얼마나 마셔?

□ 지금 (수중에) 가지고 있는 돈이 얼마나 돼?

□ 그것 끝내는 데 우리한테 시간이 얼마나 있어?

□ 커피에 설탕을 얼마나 넣으시겠어요?

오늘의 영어 ✻ 빈칸을 채워보세요

이 목도리가 얼마죠?

____ ____ ____ this scarf?

▷ 영상 보기

- [ ] How much is this scarf?
- [ ] How much is a dollar to a euro?
  cf) How much is one dollar in euros?
- [ ] How much do you know Sam?
- [ ] How much do you love her?
- [ ] How much did you pay (for it)?
- [ ] How much water do you drink a day?
- [ ] How much coffee do you drink a day?
- [ ] How much money do you have (on you)?
- [ ] How much time do we have to finish it?
- [ ] How much sugar would you like in your coffee?

하루 한 문장 ✻ 점선을 따라 영어 문장을 똑같이 써보세요

하루에 물을 얼마나 마셔?

How much water do you drink a day?

Day 94

How many are/do you ~?

얼마나 많은 ~이 있죠/하죠?

□ 지금 거기 사람이 몇 명이나 있어?

□ 당신 수업에 학생이 몇 명이죠?

□ 지금 몇 좌석이나 비어(이용할 수) 있죠?

□ 가까운 친구가 몇 명이죠?

□ 집에 아이들이 몇 명이죠?

□ 표를 몇 장이나 샀어?

□ 사진을 몇 장이나 찍었어?

□ (점심으로) 달걀을 몇 개나 먹었어?

□ 하루에 몇 번이나 고양이 밥을 줘야 하죠?

□ 하루에 몇 번이나 이 약을 먹어야 하죠?

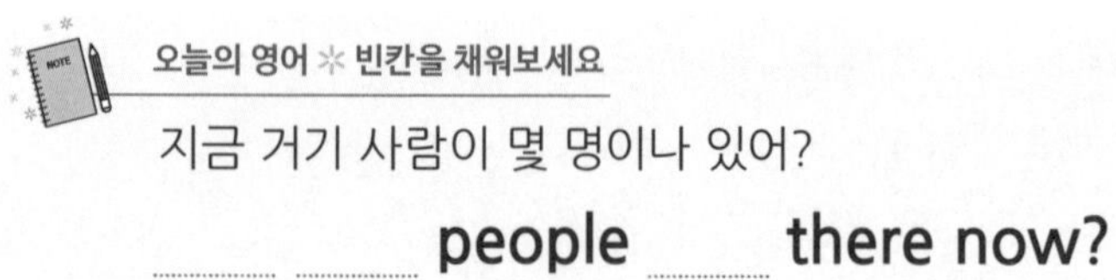

오늘의 영어 * 빈칸을 채워보세요

지금 거기 사람이 몇 명이나 있어?

______ ______ people ______ there now?

☐ How many people are there now?

☐ How many students are in your class?

☐ How many seats are empty(available) now?

☐ How many close friends do you have?

☐ How many children(kids) do you have?

☐ How many tickets did you buy?

☐ How many photos did you take?

☐ How many eggs did you have (for lunch)?

☐ How many times should I feed my cat a day?

☐ How many times should I take this medicine a day?

하루 한 문장 ✲ 점선을 따라 영어 문장을 똑같이 써보세요

표를 몇 장이나 샀어?

How many tickets did you buy?

Day 95

How often/deep/good/fast ~?

얼마나 자주/깊게/좋은/빨리 ~?

□ 일주일에 얼마나 자주 운동을 해요?

□ 하루에 얼마나 자주 양치질을 해요?

□ 집에서 얼마나 자주 요리를 해요?

□ 얼마나 자주 개를 산책시켜야 해요?

□ 얼마나 자주 선블록을 발라야 해요?

□ 여기 이 구멍(호수)이 얼마나 깊어요?

□ 톰에 대한 당신의 사랑이 얼마나 깊죠?

□ 그녀의 영어(프랑스어) 실력이 얼마나 좋죠?

□ 네 차가(인터넷이) 얼마나 빨라?

□ 이 포도주는 얼마나 오래(숙성이) 된 거죠?

오늘의 영어 ✳ 빈칸을 채워보세요

집에서 얼마나 자주 요리를 해요?

______ ______ do you cook at home?

☐ How often do you exercise(work out) a week?

☐ How often do you brush your teeth a day?

☐ How often do you cook at home?

☐ How often should I walk my dog?

☐ How often should I put on sunblock?

☐ How deep is this hole(lake) here?

☐ How deep is your love for Tom?

☐ How good is her English(French)?

☐ How fast is your car(Internet)?

☐ How old(aged) is this wine?

하루 한 문장 ✲ 점선을 따라 영어 문장을 똑같이 써보세요

얼마나 자주 개를 산책시켜야 해요?

How often should I walk my dog?

잘못 쓰면 악담! I hope vs. I wish vs. I want 조심해야 하는 이유?

A. I hope~. vs. I wish~.

Q1. 네가 시험에 통과하길 바라.

① I hope (that) you pass the test. (○)

② I wish (that) you pass the test. (×)

네가 시험에 통과하길 좋으련만. (×)

I hope(가능성 있음) vs. I wish(가능성 없음)

Q2. 내가 사자라면 좋으련만.

③ I hope (that) I were a lion. (×)

내가 사자였기를 바라. (×)

④ I wish (that) I were a lion. (○)

내가 사자라면 좋으련만.

cf) I wish (that) I am a lion. (×)

내가 사자이길 좋으련만. (×)

B. I hope~. vs. I want~.

Q3. 내일 우리랑 합류하길 바라.

⑤ I hope (that) you join us tomorrow. (○)

⑥ I want (that) you join us tomorrow. (×)
네가 내일 우리랑 합류한다는 것을 원해. (×)
hope(심적 바람) vs. want(적극적 실행)

cf) I want you to join us tomorrow.
네가 우리랑 합류하길 원해.

Q4. 네가 내일 일찍 와주길 원해.

⑦ I hope you to come early tomorrow. (×)
네가 내일 일찍 오기를 바라.
한국말 번역은 되지만 hope는 이렇게(hope~to동사) 절대 안 씀.

⑧ I want you to come early tomorrow. (○)
네가 내일 일찍 와주길 원해.

▷ 영상 보기

Day 96

I hope that ~ 현재/미래/과거

나는 누가 ~하길/했기를 바라.

☐ 내 선물(계획)이 마음에 들길 바라.

☐ 네가 좋은 여행(을)(저녁식사를) 하길 바라.

☐ 그녀가 나를 기억하길 바라.

☐ 이 책이(영화가) 괜찮기를 바라.

☐ 우리 팀이 경기에서 이기기를 바라.

☐ 네가 시험에 통과하길 바라.

☐ 네가 금방 낫기를 바라.

☐ 네가 하루 잘 보냈기를 바라.

☐ 당신이 잘 주무셨기를 바라요.

☐ 여기 머무는 동안 좋은 시간 되었기를 바라요.

오늘의 영어 ✳ 빈칸을 채워보세요

그녀가 나를 기억하길 바라.

____ ____ ____ she remembers me.

▷ 영상 보기

- ☐ I hope (that) you like my present(plan).
- ☐ I hope (that) you enjoy your trip(dinner).
- ☐ I hope (that) she remembers me.
- ☐ I hope (that) this book(movie) is good.
- ☐ I hope (that) my team wins the game.
- ☐ I hope (that) you will pass the test.
- ☐ I hope (that) you will get better soon.
- ☐ I hope (that) you had a great day.
- ☐ We hope (that) you slept well.
- ☐ We hope (that) you enjoyed your stay (here).

하루 한 문장 ✻ 점선을 따라 영어 문장을 똑같이 써보세요

네가 금방 낫기를 바라.

I hope that you will get better soon.

Day 97

I wish ~ 넋두리 vs. 가능 기원!

내가 ~한다면 좋으련만.

□ 예쁜 집이 있으면 좋으련만.

□ 내가 너를 도울 수 있으면 좋으련만.

□ 러시아어를 할 수 있으면 좋으련만.

□ 네가 나랑 함께 있으면 좋으련만.

□ 우리가 부자라면 좋으련만.

□ 행운이 함께하길 기원해요.

□ 행복(사랑/성공)이 영원히 함께하길 기원해요.

□ 모든 일이 잘되길 기원해요.

□ 빠른(쾌속한/완전한) 회복을 기원합니다.

□ 즐거운 성탄과 기쁜 새해 되기를 기원해요.

오늘의 영어 ✲ 빈칸을 채워보세요

모든 일이 잘되길 기원해요.

.... you all the best.

- ☐ I wish I had(have ×) a beautiful house.
- ☐ I wish I could(can ×) help you.
- ☐ I wish I could(can ×) speak Russian.
- ☐ I wish you were(are ×) here with me.
- ☐ I wish we were(are ×) rich.
- ☐ I wish(hope ×) you good luck.
- ☐ I wish you happiness(love/success) forever.
- ☐ I wish you all the best.
- ☐ I wish you a fast(speedy/full) recovery.
- ☐ We wish you a merry Christmas and a happy New Year.

하루 한 문장 ✳ 점선을 따라 영어 문장을 똑같이 써보세요

우리가 부자라면 좋으련만.

I wish we were rich.

Day 98

I(We) want you to ~.

나(우리)는 네가 ~하기를 원해.

□ 나는 네가 행복하길 원해.

□ 나는 네가 당당하길 원해.

□ 나는 네가 공정하길 원해.

□ 나는 네가 이것을 알아주길 원해.

□ 나는 네가 이것을 (나에게) 설명해주길 원해.

□ 우리는 네가 팀에 합류하기를 원해.

□ 우리는 네가 어디에 숨어 있기를(상자를 숨기기를) 원해.

□ 우리는 네가 상황을 처리하기를 원해.

□ 그녀는 네가 (그녀에게) 사과하기를 원해.

□ 그녀는 네가 (톰에게) 맞춰주는 체하길 원해.

오늘의 영어 ✲ 빈칸을 채워보세요

나는 네가 행복하길 원해.

______ ______ ______ ______ be happy.

☐ I want you to be happy.

☐ I want you to be proud.

☐ I want you to be fair.

☐ I want you to know this.

☐ I want you to explain this (to me).

☐ We want you to join the team.

☐ We want you to hide (the box) somewhere.

☐ We want you to handle the situation.

☐ She wants you to apologize (to her).

☐ She wants you to play along (with Tom).

하루 한 문장 ✳ 점선을 따라 영어 문장을 똑같이 써보세요

우리는 네가 상황을 처리하기를 원해.

We want you to handle the situation.

Day 99

How about ~?

~하는 것은 어때요?

□ 점심식사로 닭고기는 어때?

□ 따스한 코코아는 어때?

□ 저녁식사 후에 산책 가는 건 어때?

□ 먼저 표를 예매하는 것은 어때?

□ 먼저 학교를 가는 것은 어때?

□ 그것을 나중으로(내일로) 연기하는 것은 어때?

□ 내일 나 대신 대타를 뛰는 것은 어때?

□ 이번 경기를 한 번 쉬는 것은 어때?

□ 이 보고서를 함께 검토하는 것은 어때?

□ 우리가 함께 문제를 해결하는 것은 어때?

오늘의 영어 ✲ 빈칸을 채워보세요

저녁식사 후에 산책 가는 건 어때?

.... going for a walk after dinner?

☐ How about chicken for lunch?

☐ How about some hot chocolate?

☐ How about going for a walk after dinner?

☐ How about booking the tickets first?

☐ How about going to school first?

☐ How about putting it off until later(tomorrow)?

☐ How about you sit in for me tomorrow?

☐ How about you sit out this game ?

☐ How about we go over the report together?

☐ How about we work it out together?

하루 한 문장 ✳ 점선을 따라 영어 문장을 똑같이 써보세요

그것을 나중으로 연기하는 것은 어때?

How about putting it off until later?

Day 100

Have you ~? / I have ~.

지금까지 ~해본 적이 있어? / ~해본 적이 있어.

□ 톰 크루즈를 이전에 만난 적이 있어?

□ 지금까지 번지점프를 해본 적이 있어?

□ 지금까지 탱고춤 공연을 본 적이 있어?

□ 지금까지 커다란 거짓말을 해본 적이 있어?

□ 지금까지 복권을 사본 적이 있어?

□ 나는 톰 크루즈를 직접 만난 적이 있어.

□ 나는 지금까지 번지점프를 두 번 시도해보았어.

□ 나는 지금까지 탱고춤 공연을 많이 보았어.

□ 나는 일생 동안 큰 거짓말을 해본 적이 없어.

□ 나는 지금까지 복권을 사본 적이 없어.

오늘의 영어 ✻ 빈칸을 채워보세요

지금까지 번지점프를 해본 적이 있어?

______ ______ tried bungee jumping?